PALCO DE LAS ENCARNACIONES

Romance del Espíritu

Antônio Carlos

Psicografía de

Vera Lúcia Marinzeck de Carvalho

Traducción al Español:
J.Thomas Saldias, MSc.
Trujillo, Perú, Octubre, 2023

Título Original en Portugués:
"Palco das Encarnações"
© Vera Lúcia Marinzeck de Carvalho, 1994

World Spiritist Institute
Houston, Texas, USA
E–mail: contact@worldspiritistinstitute.org

De la Médium

Vera Lúcia Marinzeck de Carvalho (São Sebastião do Paraíso, 21 de octubre –) es una médium espírita brasileña.

Desde pequeña se dio cuenta de su mediumnidad, en forma de clarividencia. Un vecino le prestó la primera obra espírita que leyó, "*El Libro de los Espíritus*", de Allan Kardec. Comenzó a seguir la Doctrina Espírita en 1975.

Recibe obras dictadas por los espíritus Patrícia, Rosângela, Jussara y Antônio Carlos, con quienes comenzó en psicografía, practicando durante nueve años hasta el lanzamiento de su primer trabajo en 1990.

El libro "Violetas na Janela", del espíritu Patrícia, publicado en 1993, se ha convertido en un éxito de ventas en el Brasil con más de 2 millones de copias vendidas habiendo sido traducido al inglés, español, francés y alemán, a través del World Spiritist Institute.

Del Traductor

Jesús Thomas Saldias, MSc., nació en Trujillo, Perú.

Desde los años 80s conoció la doctrina espírita gracias a su estadía en Brasil donde tuvo oportunidad de interactuar a través de médiums con el Dr. Napoleón Rodriguez Laureano, quien se convirtió en su mentor y guía espiritual.

Posteriormente se mudó al Estado de Texas, en los Estados Unidos y se graduó en la carrera de Zootecnia en la Universidad de Texas A&M. Obtuvo también su Maestría en Ciencias de Fauna Silvestre siguiendo sus estudios de Doctorado en la misma universidad.

Terminada su carrera académica, estableció la empresa *Global Specialized Consultants LLC* a través de la cual promovió el Uso Sostenible de Recursos Naturales a través de Latino América y luego fue partícipe de la formación del **World Spiritist Institute**, registrado en el Estado de Texas como una ONG sin fines de lucro con la finalidad de promover la divulgación de la doctrina espírita.

Actualmente se encuentra trabajando desde Perú en la traducción de libros de varios médiums y espíritus del portugués al español, habiendo traducido más de 260 títulos, así como conduciendo el programa "La Hora de los Espíritus."

Esta historia verídica comenzó allá por los años de 1750, en las plantaciones de caña de azúcar, en los ingenios del noreste de Brasil.

Para facilitar la lectura, sustituyo los términos utilizados en aquella época por los que usamos ahora. Asimismo, en los diálogos con personas negras, no escribo de la manera peculiar lo que decían, porque dificultaría la lectura.

Escribo primero con el objetivo de dilucidar, a través de una historia interesante, que muchas veces vestimos un cuerpo de carne en este planeta, que es un escenario de encarnaciones; esto es para que cada vez que vengamos aquí podamos aprender, corregir errores y crecer espiritualmente. Pero desgraciadamente hay muchos trabajadores estacionarios que prefieren seguir con errores y vicios. También escribo esta novela para que los lectores puedan distraerse con una historia llena de misterios y hechos curiosos.

Que esta historia les haga pensar que muchas veces reencarnamos en la Tierra - esta bendita etapa escolar - y regresaremos muchas veces, a aprender el camino del bien.

Si lo hiciésemos ahora, nuestras encarnaciones futuras se verán facilitadas por el beneficio de una buena plantación.

Que la historia de los tres ingenios nos sirva de ejemplo ¡Pido a Jesús que nos bendiga a todos!

Nos estábamos preparando para las festividades navideñas. Como mi madre Decleciana había tenido un bebé hacía poco y no se encontraba bien, la reunión familiar sería en mi casa. Me encantaban esos encuentros familiares y esas fiestas. La Navidad para mí fue un sueño, en el que tía Magdalena nos contaba toda la historia del nacimiento del Niño Jesús. Me encantó la forma en que Jesús vino al mundo. Me imaginé el pesebre, los pastores, los reyes magos, la estrella y pensé que sería increíble si nuestros padres fueran, José y María.

Consideraba la Navidad como un evento muy importante debido al nacimiento de un gran espíritu como Jesús que vino a enseñarnos lo que es correcto y verdadero. Aunque no entendí Sus enseñanzas, entendí bien que Él había dicho que todos somos hermanos. Pensé que si Jesús no era rico, fue pobre, tal vez fue casi como uno de los esclavos de la hacienda.

Un día incluso le pregunté a mi tía Magdalena, cuando ella emocionada me contó la historia:

- ¿Jesús era blanco o negro?

- ¡Por supuesto que era blanco! - Respondió mi tía indignada -. ¿Cómo podría Jesucristo ser negro?

No respondí porque temía la forma contundente en que me dio la respuesta. Pero pensé que no haría ninguna diferencia en el color de su piel.

Estaba distraída en el balcón frente a la casa grande, mirando la enorme finca[1] de mi padre, el coronel Honório. La plantación de caña de azúcar se perdía de vista. En la hacienda también teníamos muchos animales. En la parte trasera de la casa hay un enorme huerto; que nos brindaba frutas y, al lado de la finca, había un ingenio. Frente a la casa había un gran patio, después,

---

[1] En esta historia me refiero en particular al lugar, tanto como a la hacienda como al ingenio. (Nota del autor espiritual)

algunos árboles, las pequeñas casas de los sirvientes y luego la senzala, la vivienda de los esclavos. Me prohibieron, como decía mi madre, por ser aun pequeño, ir a la senzala. Pero en mi travesura fui un par de veces, escondida. La senzala era un enorme edificio cerrado con una puerta grande, fuerte y robusta. Dentro de eso, las familias hacían habitaciones con madera y bambú y allí vivían todos juntos. Apestaba y pensé que era muy feo. Frente a la senzala había un patio donde había un tronco grueso, que tenía cadenas para atar a los negros. Era donde ellos recibieron sus castigos. También hubo otros lugares donde se arrestaba a los esclavos por desobedecer.

En el tronco, donde estaban las cadenas, el castigado podía permanecer atado al aire libre durante días. También en la senzala había lugares con artefactos de hierro y cadenas que servían para torturar a los pobres negros.

A pocos metros de la senzala, se encontraban la molienda, , las calderas y la casa de purga, orgullo de mi padre. Hermoso lugar, muy hermoso por cierto. Siempre iba allí con mi padre, quien intentó explicarme el proceso, moderno para la época, donde se transformaba la caña en azúcar. Me gustaba ese lugar, pero no me interesaban las explicaciones de mi padre.

Los negros que servían en la casa grande estaban más limpios y mejor vestidos que los demás. Ellos hacían todas las tareas del hogar. Algunos vivían en el sótano y otros en un cobertizo en la parte trasera de la casa.

Pensaba mucho en la esclavitud. Un dato que, a pesar de ser un niño, me intrigaba. Un día le pregunté a mi padre:

- Señor padre mío, ¿por qué los esclavos están encarcelados en la senzala y son vigilados?

- Para que no se escapen.

- ¿Por qué querrían huir?

- Ahora, Augusto, ¿quién quiere ser esclavo?

- Entonces ¿ser esclavo no es bueno? ¿Por qué los tienes? ¿Le gusta a Dios que los tengamos?

Mi padre pensó por un momento y respondió:

- Si Dios los hizo negros fue para ser diferentes. Debe tener sus razones. Esto no me importa, los compré, son míos y deben trabajar.

- ¿Son personas?

- Lo son, ¿no ves que hablan y piensan?

- ¿No podrías tratarlos mejor?

- Se les trata muy bien, mejor de lo que se merecen.

- No creo que esté bien tener esclavos - dije, un poco asustado de mi padre -. Tú y yo podríamos haber nacido esclavos.

- ¡Basta, Augusto! Esto no es una charla para un chico de tu edad. Cuando seas grande lo entenderás. Después, estos negros son desobedientes y nacieron para ser esclavos.

Esto no era exactamente lo que pensaba. No entendí las razones explicadas. Y no pensé que estuviera bien.

Era el mayor de los hijos, pronto cumpliría siete años, pero ya me sentía un hombrecito, principalmente porque las palabras de mi padre dijo el día anterior todavía resonaban en mi mente.

- Augusto, serás mi único hijo varón. Serás mi reemplazo más tarde. Te educaré para que seas dueño y señor de todo esto.

- ¿Y mis hermanas? - Pregunté pensativamente.

- Les arreglaré matrimonios ventajosos. Son muy pequeñas. Esmeralda tiene cuatro años, Emília dos y Deolinda es aun una bebé Tu madre no podrá darme más hijos. Tuvo una infección durante este parto y casi muere. Pero no me importa, te tengo a ti que eres mi orgullo. Y guapo, inteligente y fuerte.

Y el varón que todo hombre sueña con tener.

Esperaba con ansias las visitas. Aunque vivíamos cerca y siempre nos veíamos, me gustaba mucho cuando todos los miembros de nuestra familia se reunían.

Mis parientes vivían en haciendas que estaban contiguas y todos se llevaban muy bien. Mis tíos, hermanos de mi padre, vivían con sus hijos y encontrarme con mis primos era siempre una gran alegría. Solo la tía Helena, la hermana menor de mi padre, que se casó y se fue a vivir lejos de allí no estaría presente. Mis abuelos paternos habían fallecido y mis abuelos maternos vivían lejos y casi no los veíamos.

Los esclavos de la casa grande estaban sobrecargados de trabajo. Todo tenía que ser perfecto, el trabajo, al igual que los muchos invitados que tendríamos, se triplicaría.

- Augusto, ¿estás ordenado? Pronto llegarán las visitas.

Era una esclava doméstica, Nadiña, era el apodo de esta amable negra que ayudaba a mamá cuidándonos. Ella me miró, me inspeccionó y quedó satisfecha.

- Está bien, hermoso como siempre. Pronto llegarán tus tíos.

Me gustaba Nadiña, la quería mucho, lejos de mis padres, la abrazaba y la besaba, porque eso me estaba prohibido. Ella nos amaba, sentía su sincero cariño. Por eso no entendía la esclavitud, no me gustaba que mi padre tuviese esclavos. Por mucho que mis padres discutieran, no podían entender por qué los seres humanos eran clasificados como diferentes solo por su color.

Sabía que en el ingenio había castigos, aunque nunca fui testigo de ninguno, porque mi madre no me dejaba.

Tampoco me permitían jugar con negros, con niños esclavos en la hacienda. Realmente me gustaría jugar con ellos. Me sentía solo y con falta de compañeros, muchas veces los miraba de lejos y sentía el deseo de estar con ellos. Siempre se reunían en el patio delantero del cuartel de esclavos y en el trasero, donde había un huerto. Nunca llegaban cerca de la casa grande. Solo jugaban los esclavos pequeños, los mayores ya estaban trabajando.

En ese momento vi el carruaje de la tía Teodora, que pronto se estacionó frente al patio de la casa. Corrí para los abrazos y mi padre también fue a recibirlos.

El tío Josías, que en realidad también era coronel, bajó primero y le tendió la mano a la tía Teodora, que como siempre estaba muy arreglada. Ella era la hermana de mi padre. Ellos eran cuatro hermanos, mi padre, el coronel Honório, el tío Cândido, la tía Teodora y la tía Helena. La familia era unida, todos eran amigos y compartían las mismas ideas. La tía Teodora me besó, estaba perfumada y muy maquillada. Pero mi alegría fue ver a mis primos Floriano, que me gustaban mucho, Pedro y Margarita, aun era pequeña.

Ya era hora que entraran a la casa y llegó otro carruaje. Eran el tío Cândido y la tía Magdalena, con sus hijos Matías y Belinda. Tenía miedo del tío Cândido, lo abracé rápidamente.

Estaba enfermo, como decía mi padre, tenía ataques que a veces lo hacían desmayarse, otras veces se retorcía en el suelo, babeaba, gemía y decía cosas que nadie entendía.

Estaba nervioso y, como se decía, sus esclavos fueron los que más sufrieron este hecho. Era malo con ellos.

Fueron días agradables, en los que jugué mucho, hubo fiestas y, para nosotros los niños, todo fue perfecto. Mis tíos, todas las mañanas, montaban a caballo hasta sus haciendas para asegurarse que todo estuviera bien. Por la tarde, los hombres se reunían para mantener conversaciones de negocios. Todos eran ricos y querían más riqueza. Las damas solo hablaban con respecto al hogar y los niños. Mi madre permaneció mucho tiempo en la habitación, rara vez se levantaba de la cama, estaba abatida y la bebé Deolinda lloraba mucho.

Este período de visitas fue maravilloso, todo salió bien y, a la hora acordada, se marcharon. Mi padre estaba feliz e incluso organizó una fiesta para los esclavos, en la que había carne y mucha aguardiente. Toda la noche bailaron y cantaron. Desde mi habitación podía verlos alrededor del fuego y escuchar sus canciones y el ritmo de los tambores. Ellos estaban felices y yo dormí pensando que, si fuera esclavo, también estaría feliz con la fiesta.

Sentí la partida de mis primos. Los días se volvieron monótonos, sin mucho que hacer.

Pasó una semana. Estaba con mi padre en el patio de la casa grande mirando un caballito que acababa de nacer. Amaba a los animales. El caballito era hermoso. Estaba distraído pasando mi mano por su suave pelaje, cuando sentí un pinchazo en mi pierna

- ¡Ay! - Grité.

- ¡Una serpiente, señor! ¡Una serpiente! ¡Mátala!

Un esclavo que estaba allí con nosotros, más cerca de mí y que en ese momento tenía una azada, le cortó la cabeza a la serpiente. Mi padre, a unos pasos de distancia, vino corriendo a mi lado.

- ¡Picó a Siñóziño Augusto! - Exclamó el esclavo.

- ¡Dios mío ! - Dijo mi padre -. ¡Es una serpiente de cascabel!

Mi padre me colocó en brazos del esclavo y chupó los dos agujeros claramente visibles de mi pierna. Chupó fuerte y escupió. Luego, se quitó la camisa y me ató la pierna por encima del lugar de la picadura. Me dolió, pero no mucho. Observé todo en silencio.

- ¿Estás bien, Augusto? - Preguntó mi padre, angustiado.

- Sí, lo estoy, señor - Mi padre me llevó.

- A veces, señor - dijo el esclavo -, la peste tenía un veneno débil, si picaba a alguien antes.

- Ve y asegúrate de esto. Mire a su alrededor y vea si alguien ha sido picado.

Mi padre les gritó a algunos empleados que estaban cerca:

- Dejen todos de trabajar, díganle a mis hermanos, los curanderos de la región. Cualquiera que sepa algo que pueda curar el veneno de serpiente debería venir aquí de inmediato.

Mi padre gritaba sin parar, apretándome con sus fuertes brazos. Mi madre se sorprendió cuando nos vio entrar a la casa. Me llevaron a mi habitación y me pusieron en la cama. Me hicieron beber té y mucha agua. Vinieron los curanderos. Mi madre lloraba y, por primera vez, vi a mi padre desesperado y preguntando constantemente:

- Augusto, ¿cómo estás? ¿Sientes algo? ¿Quieres alguna cosa?

Al principio me molestó el fuerte nudo, así como el lugar de la picadura, que mi padre apretó con fuerza. Luego me volví blando, cansado, comencé a tener dolor en todo el cuerpo y tener fiebre.

- Siento dolor, padre mío, tranquilo. No quiero nada. No tengo sed y no quiero más agua.

Me colocaron compresas de tela con agua y hierbas tanto en la cabeza como en la pierna.

Empecé a ver borroso, sentía que todo daba vueltas, el dolor iba empeorando, pero me quedé quieto. No quería quejarme de ver la agonía de mis padres y no aumentarla.

Pronto llegaron mis tíos y fue un llanto. Empecé a agonizar. Veía con dificultades, mis familiares estaban presentes y comencé a ver una figura, que pronto fue tomando forma. Era un caballero amable y sonriente. Me gustó.

- Augusto - dijo y sentí que solo yo lo escuchaba -. Pronto vendrás conmigo, tu cuerpo morirá. Te llevaré a un hermoso lugar.

- "Y si quiero, ¿puedo volver?" - Pregunté, pero no moví los labios, pregunté en pensamiento.

- Sí, si quieres puedes volver.

Se quedó a mi lado. Luché por abrir los ojos y hablé con dificultad.

- Madre, padre...

Vi muy poco, pero sentí que cada uno de ellos sostenía una de mis manos.

- Habla, Augusto, hijo mío - dijo mi madre con gran tristeza.

- ¿Qué quieres, Augusto? - dijo mi padre.

- Moriré, pero iré a un lugar hermoso. Un ángel me llevará. Y, si quieres, volveré para estar cerca de todos.

- Augusto está delirando - dijo la tía Magdalena.

Mi respiración se hizo difícil, sufrí, sentí frío. Mi corazón dejó de latir y también dejé de respirar. Pero no me desesperé ante este hecho, me sentí aun mejor.

- ¡Augusto murió! - Exclamó el tío Josías.

Gritería y lloradera. Pero dejé de escucharlos y comencé a ver al Señor bondadoso.

- Augusto – dijo - mi nombre es Ângelo. Dame tu mano, ven conmigo.

Sentí sueño y dormí tranquilamente.

Me desperté de buen humor, saludable, sin dolor ni cansancio, nada me molestaba. Me di una buena desperezada. Abrí los ojos y vi todo claramente. Para mi sorpresa, Ângelo estaba a mi lado.

- ¡Buenos días, señor Ângelo!

- ¡Buen día! ¿Cómo está el niño Augusto?

- ¡Muy bien! ¿Entonces morí? ¿Estoy en el hermoso lugar del que me hablaste?

- Tu cuerpecito murió y te encuentras en un hermoso lugar. Te encuentras en una Colonia[2] llamada Casa de la Luz, es una ciudad donde viven los espíritus, las almas buenas de los que mueren.

Está en una sección solo para niños.

- Quiero conocerla. Nunca vi una ciudad, solo fui al pueblo cerca del ingenio.

- Si estás bien levántate y salgamos a caminar.

Estaba en pijama, Ângelo me regaló un traje para usar. Era una copia de una de las muchas que tenía cuando encarné.

Salimos de la habitación de la mano. Me quedé encantado con lo que vi. Muchos jardines hermosos, con muchas flores, parques con juguetes que no conocía. Muchos niños, blancos y negros.

- Aquí, Augusto, no hay separación entre amos y esclavos. Todos somos iguales.

- ¡Que bien! ¿Podré jugar con todos?

- Sí, claro.

Ângelo me explicó que el lugar donde estaba e iba a vivir se llamaba Educandário, formaba parte de la Colonia Casa de la Luz y estaba separado por un hermoso jardín. Solo había niños, desde bebés hasta adolescentes. Todo el mundo está feliz. Había muchas zonas de juego y bancos bajo los árboles. El lugar, además de hermoso, estaba delicioso.

- Aquí hay aulas. Lugares de estudio.

Durante unos días, en caminatas diarias, Ângelo me llevó a conocer todos los lugares de esta maravillosa Colonia.

---

[2] Término ya utilizado en el plano espiritual y que solo más tarde, a través de Allan Kardec, pasó a ser conocido por los encarnados. (N.A.E.)

- ¡El cielo es realmente hermoso! - exclamé.

- El cielo que te enseñaron no existe, aquí hay lugares placenteros, temporales, donde la gente buena viene a aprender, fortalecerse y luego regresar a un cuerpo físico; es decir, reencarnar.

- ¿Aquí solo vienen los buenos? - Pregunté preocupado.

- Así es.

- Ângelo, ¿está mal tener un esclavo? Aquí no hay ninguno.

- Todos los hombres son iguales ante Dios. Si existe la esclavitud, es por permiso Divino. Muchos espíritus cubiertos de piel negra cuando reencarnan son esclavos y lo son por varias razones. Muchos espíritus ociosos necesitan sufrir para aprender a ser activos en el trabajo. Así como muchos han elegido ser esclavos y tener la oportunidad de aprender a ser humildes y crecer espiritualmente. Pero también hay quienes reciben la esclavitud como reacción a sus malas acciones. Porque hay muchos abusos de los amos, dueños temporales de otros, de esclavos. Por eso han surgido odios y muchas obsesiones. El mal genera el mal.

- ¿Quiere decir que los castigos y los malos tratos son abusos?

- No me llames señor, somos amigos desde hace mucho tiempo. Sí, Augusto, los castigos son abusos. Los amos deben tratar bien a sus esclavos.

Pensé por unos momentos.

- Este es un lugar para buena gente. ¿Hay lugar para los malos?

- Si, hay.

- ¿Es feo como el infierno?

- Es un lugar de sufrimiento, pero no es eterno, también es temporal. Se sufre mucho, tanto o más de lo que hicieron sufrir.

- Ângelo, mi padre, mi familia no es buena. Tratan mal a los esclavos, ciertamente no vendrán aquí cuando sus cuerpos mueran.

Ângelo no respondió, no era necesario. Deduje.

- ¡Estoy en contra de la esclavitud! ¡Quería acabar con ella! O al menos intentar visualizar este sometimiento a una raza. Hablé conmovido.

- Augusto, muchas, muchas veces nuestros espíritus regresan a la Tierra y se reencarnan. Nos convertimos en feto, permanecemos en el vientre de nuestra madre y luego nacemos como otra persona.

Sin embargo, en espíritu seguimos siendo los mismos. Has hecho esto muchas veces, yo también. La Tierra es como un escenario donde, durante un cierto período de tiempo, cada persona representa en su libre albedrío un carácter bueno o malo. Somos libres de hacer los actos que queramos, pero esos actos nos pertenecen y gracias a ellos tendremos felicidad o sufrimiento.

- Acepto todo lo que dices como si ya conociera bien estos hechos. ¿Lo estoy recordando?

- Sí. Como Augusto, ibas a cumplir siete años en tu cuerpo físico. Pero como un espíritu eres antiguo. Fuiste un erudito en tu pasado reciente.

Toda la familia lloró por mi muerte; es decir, ahora que lo entiendo, desencarnación. Mis padres estaban desesperados. Mi madre me llamaba todo el tiempo.

A veces me sentía tan angustiado que necesitaba ser atendido por los trabajadores del Educandário y por mi amigo Ângelo.

- Ângelo, - le dije a mi viejo amigo -, me dijiste, cuando agonizaba, que podrías volver.

- ¿Quieres verlos? ¿Quieres visitar a tu familia?

- Sí.

Me llevó a visitarlos. No fue nada agradable. Estaban enojados y consideraban muy injusta mi desencarnación. Mi padre incluso dijo:

- Tantos negros corriendo y la serpiente viene a morder a mi hijo. Como si yo fuera diferente, o más personas.

- ¡Augusto! ¡Augusto! - Llamó mamá. La abracé pero ella no me sintió. Regresé al Educandário triste y preocupado.

- Ângelo, siento que debo hacer algo por mis padres. Quiero ayudarlos. Es triste verlos cometer errores. Quiero reencarnarme en un esclavo. Junto a ellos, el hijo de una negra de la casa grande. Al amarme así me reconocerán y tal vez traten mejor a todos los esclavos.

- No les será fácil reconocerte en un cuerpo negro.

- Su amor es grande. ¿No ves cómo sufren? ¿No puedo intentarlo?

- Tu solicitud deberá ser estudiada por el Departamento de Reencarnaciones. Iré allí contigo mañana.

El Departamento de Reencarnaciones es un edificio muy hermoso. Nunca había visto un edificio tan grande. Una señora nos recibió y me escuchó.

- ¿De verdad crees, Augusto, que volviendo como esclavo podrás ayudarlos? - Ella preguntó.

- Usted no considera su desesperación y sufrimiento por haberme perdido. ¿No es el amor el sentimiento que une a las criaturas?

- El amor puro une verdaderamente, pero no el amor egoísta. Estudiaremos tu solicitud, ven y descubre la respuesta en dos días.

Con ansiedad esperé los dos días. Tenía muchas ganas de reencarnar en un esclavo. Pensé que solo entonces podría hacer algo por ellos, que tanto me amaban. Estaba incluso un poquito nervioso cuando descubrí la respuesta. La misma señora que nos atendió anteriormente vino a anunciarme la decisión que tomaron las personas que estudiaron mi caso.

- Augusto, te permitieron reencarnar como negro y esclavo en la casa del coronel Honório y de la señorita Decleciana. Eres un espíritu que por otras existencias estás maduro para esta tarea. Te advierto que no será fácil. Pero puedes intentarlo. Después, cubrir un cuerpo carnal de negro te dará una lección que te puede llevar a crecer espiritualmente. Sin embargo, tienes una cantidad de tiempo determinada para esta tarea. Si tus padres se vuelven más humanos con los esclavos, reencarnarás por más tiempo. De lo contrario, tu regreso al plano espiritual será breve.

- Solo me queda agradecerles por este favor.

Pensé que el amor realmente haría que me reconocieran. Lloraron y sufrieron mucho por mí. Ângelo trabajó mucho en el plano espiritual, pero prometió estar conmigo siempre haciendo todo lo posible para ayudarme.

En la hacienda de mi padre, los negros se reunían o se apareaban, como decían los blancos. Pero siempre hubo más mujeres, porque las muertes de hombres eran más frecuentes.

En la plantación había un criador negro, elegido por ser fuerte, sano y alto. Éste fecundaba a mujeres negras, que en edad de aparearse no tenían pretendiente.

A veces, también sucedió que incluso los que tenían compañeros se vieron obligados a tener hijos de la yeguada para que mi padre tuviera esclavos fuertes.

Me preparé y después de unos meses estaba listo para dejar el personaje Augusto, el Siñóziño, para ser un esclavo negro. Naná era una negrita que vivía en la casa grande y ella iba a quedar embarazada del semental. La elegí para que fuera mi futura madre. En el momento adecuado, renací y obtuve el nombre de Augusto, tal como el niño que había perdido la señora Decleciana.

Pero a la Siñá no le gustó y prohibió que me llamaran Augusto, así que me convertí en Gusto.

Crecí fuerte, sano, obediente, fui inteligente, aprendí fácilmente todo lo que ellos me enseñaron.

Era un negro bonito. Vivía con mi madre en el cobertizo en la parte trasera de la casa grande, que era mucho mejor que la senzala. Mi madre no se juntaba con nadie, pero tuvo tres hijos más con el semental. Naná fue obediente, trabajó duro era, dulce, nunca escuché una queja de ella. Pero un día la oí decirle a una amiga:

- No quería tener hijos. Por eso no encontré pareja. Me vi obligada a tenerlos como esclavos. Los amo mucho y no quería este triste destino para ellos.

No pensé que fuera malo ser esclavo. Jugué en el patio, pero mi distracción era mirar la casa grande y sus dueños. Pensé que eran hermosos. La señora Decleciana siempre iba al cementerio a llevar flores a su hijo fallecido y llorar su muerte. Dijeron que el coronel nunca había vuelto a ser feliz. Sentí mucha pena por ellos y pensé que estaban sufriendo mucho. Siempre cuidé a mis hermanos menores, dos niños y una niña, Dito, Chico y Marianita. Me gustaban mucho. Dito estaba más enojado, Chico y Marianita eran buenos, como mi madre.

A los siete años ya trabajaba en la casa grande. Siempre le preguntaba a mi madre sobre ellos, los señores, de qué hablaban, qué pasaba en la casa grande, donde estaba el ama de llaves.

- No sé por qué te gustan tanto - dijo -, esto no es bueno. Estás demasiado interesado en ellos.

- Me gustan. Lo siento por la señora Decleciana, que llora la muerte de su hijo.

Perder un hijo es un gran dolor. Pero aquí mueren muchos negritos incluso por falta de comida.

A los doce años era alto y fuerte, un hombre joven. Mi trabajo consistía en ir a buscar agua y leña para la casa grande. Pero nunca perdí la costumbre de mirar a los señores. Sentí mucho lo de la señora Decleciana, me gustaba mirarla. Siñá Decleciana se sintió incómoda con mis miradas y me repudió.

Esto se debe a que temía parecerse a su cuñada Teodora. Corrían muchos rumores que a Siñá Teodora le gustaban los negros y los tenía como amantes. Conocía a toda la familia de mis amos, siempre venían a la finca, nos recibían con fiestas y nuestro trabajo se duplicaba. El coronel Josías, marido de Siñá Teodora viajaba mucho y ella siempre lo engañaba con los negros altos, fuertes y guapos de su hacienda. A Siñá Decleciana, yo, un niño negro, la atraía, no sabía muy bien por qué, sentía que yo era diferente, educado para un esclavo y muy hermoso. Ni siquiera me gustaba pensar en eso, era negro y eso era todo. Incluso evitaba verme.

Un día fui a ayudar a la señorita Emília a bajar del caballo. Me gustaba, era hermosa y tenía la piel muy blanca. Un cariño especial me unía a ellos. Me sentí como un hermano. Encantado de estar tan cerca de ella, puse mi mano en su brazo. Ella me miró feo. Se lo contó a su madre quien se lo contó al coronel, y ordenó que me castigaran con quince latigazos.

Ni siquiera sabía el motivo del castigo cuando el capataz me llamó para ir al cepo. Fui un buen esclavo, todo lo que me dijeron que hiciera, lo hice bien.

El capataz me lo explicó.

- Gusto, te voy a llevar al cepo para que te castiguen. Y ya no servirás a la casa grande. Irás al cuartel de esclavos y trabajará en la hacienda.

- ¿Por qué?

- Te atreviste a poner tu mano en el brazo de la señorita Emília.

- Fue por accidente, fui a ayudarla.

- Fue ella que lo ordenó.

- Debes entender que los negros son diferentes. Tampoco pensé que el castigo fuera justo. ¿Una persona negra no puede tocar a una persona blanca?

Temía el castigo, mi corazón latía con fuerza. Sabía que muchos esclavos habían muerto en el cepo. Y esos quince latigazos me harían mucho daño. Pero me fui sin decir nada.

Tampoco tendría sentido hablar, gritar o quejarse. Como era un castigo simple, se aplicaría a la misma hora; es decir, era por la mañana y el castigo se llevaría a cabo a esa hora cuando se dio la orden. Los otros esclavos no lo ayudarían. Pero la gente que servía en la casa grande se enteró. Pensé que mamá Naná sufriría junto.

Pero ni siquiera pudo venir a verme. No lo hicieron.

Atado al cepo recibí los latigazos. Dolieron mucho. Mi cuerpo temblaba cada vez que el látigo tocaba la carne de mi espalda haciéndome sangrar.

Pero el dolor moral fue mayor. Me dolía la injusticia del castigo inmerecido. Después, sin saber muy bien por qué, me sentí despreciado por quienes amaba, por mis viejos afectos.

Allí, en el cepo, sentí como si la esperanza se hubiera acabado, como algo que tenía que hacer y no podía hacer. Pero no me rebelé, aunque no sabía por qué, pregunté mentalmente a Dios: "Padre de todos nosotros, dame una oportunidad más." Terminaron los azotes y me llevaron al cuarto de esclavos, ya conocía ese lugar, pero en ese momento me pareció diferente, más triste, ahora sería mi hogar. Fue mucho peor que el almacén en el que vivía.

- ¡Yo te cuido! - Dijo una esclava, La negra vieja, quien me acostó sobre una estera y me lavó la espalda con agua y hierbas.

- ¿Duele mucho? - Preguntó cariñosamente.

- Sí, me duele.

- Pero no te quejas.

Entonces las lágrimas corrieron por mi rostro. Lágrimas calientes. La negra vieja no entendía que yo sufría más en el alma.

- Tu madre no podrá verte aquí. Pero le daré noticias tuyas.

- Dile que estoy bien, que los latigazos no me dolieron tanto - le pedí a la negra vieja.

- Yo le diré. Pero podrás verla. Siempre hay una manera. Ahora tu vida ha cambiado. Te aconsejo que te quedes callado en tu rincón y no causes más problemas.

De hecho, ella se fue y pronto regresó y me dijo que le había informado a mi madre.

- Tu madre te dijo que siguieras siendo bueno y te tomaras las cosas con calma para cuidar tus heridas.

- Te lo agradezco, negra vieja.

Cuando todos llegaron a casa del trabajo por la tarde, fue una curiosidad. La negra vieja fue quien dio las explicaciones. Era anciana, amable y cuidaba de todos en la senzala.

Era muy mayor, no trabajaba, tenía poca visión y permanecía en el cuarto de esclavos todo el día. Durante el día, la senzala estaban abiertas y solo se cerraban con llave por la noche. Los viejos y los niños podían caminar hasta allí durante el día. Hubo muchos comentarios después de escuchar a la negra vieja.

- ¡Que injusto! No poder tocar a tu Siñáziña. ¿Tomaste un pedazo? ¿Se hizo negra?

- ¡Castigo injusto, como siempre!

- ¿No entendiste también que eres negro? ¿Y que esclavo no puede acercarse a los blancos?

Solo respondí cuando me preguntaron directamente. Cuando todos se calmaron, la negra vieja llevó mi estera, en la que estaba acostado, a una de las esquinas y dijo:

- Este es el lugar para jóvenes sin acompañantes.

La vida en los barrios de esclavos era muy triste. Cansados y sudorosos, mis compañeros no olían bien. Los pozos negros estaban dentro de las dependencias de los esclavos y el olor general era desagradable, pero pronto yo me acostumbre.

Después de dos días comencé a arar los campos. Entendí inmediatamente el consejo de la negra vieja. Los cuartos de esclavos eran un desastre, había desacuerdos dentro, los líderes se organizaban orgias y peleas. Pero hubo mucha gente buena y paciente que siempre intentó mantener la paz y la armonía. Allí se realizaron muchos hechizos.

Había dos grupos en los barrios de esclavos, el primero trabajaba para el mal, para los amos y para otros negros. El otro grupo intentó neutralizar este trabajo y aconsejó calma y paciencia. En este segundo grupo estaba Lourenço, un negro bueno y simpático, que apenas me vio dijo:

- Gusto, veo contigo un buen espíritu vestido de blanco. Si quieres ven a trabajar con nosotros.

- Prefiero simplemente mirar - Respondí.

Yo estaba más en mi esquina. En el trabajo. Estuve muy cansado.

La comida también era diferente, mucho peor de lo que estaba acostumbrado a comer en el almacén. Se hicieron muchos comentarios en la senzala. Yo quería ser el reproductor. ¡El que tiene suerte!

- Quería ser blanco y señor.

- Quería ser uno de los amantes de la señorita Teodora.

Cada comentario era una broma.

- ¡Eres feo para esto! ¡Crece y aparece!

A veces era solo eso. A veces estallaban peleas. La negra vieja y Lourenço siempre estaban separando a los pendencieros y ofreciendo consejos, tratando de mantener la paz en el barrio de esclavos. Pronto me di cuenta que un negro envidiaba más a otro compañero que a sus propios amos. Dependiendo de quién recibió el castigo, muchos sintieron bueno y cierto, incluso se intrigaron entre sí con los capataces.

Fue con tristeza que aprendí a vivir en la senzala. Pronto busqué un grupo con quien ser amigo. Realmente no tenía amigos, me gustaba hablar con la negra vieja, Lourenço y dos esclavos de mi edad.

Mamá siempre encontraba la manera de ir a donde yo estaba trabajando para hablar conmigo. Ella nunca se quejó. Madre Naná era una persona triste, muy graciosa, pequeña, delgada, con grandes ojos negros y cabello rizado hasta los hombros. Ella se preocupaba mucho por mí. Mis hermanos pronto empezaron a trabajar en la mansión. Y para ella, siempre supo noticias sobre mí.

- Después de todo lo que te pasó, todavía estás interesado en ellos. ¡No entiendo!

- Tampoco sé por qué me interesan. Me gusta saber de ellos, qué hacen, si sufren. Es algo que no sé cómo explicar. Siento que tengo que ayudarlos, pero no lo sé cómo.

-¡Ayúdalos tú! ¡Es incluso divertido! Pero te daré noticias. Murió la señorita Helena, hermana menor del coronel Honório. Ayer recibieron una carta dando la noticia. Ahora, hijo mío, debo irme. Dios te bendiga.

Me gustaba mucho ver a mi madre, la amaba.

Las dos hijas mayores del coronel Honório se casaron y los esclavos hicieron una buena fiesta. Me gustó porque se comía mejor. Pero los borrachos se equivocaron en los barrios de esclavos.

Los esclavos trabajaban mucho en los bosques, en el río y en la cascada. Con este fin, los capataces permitieron que algunos negros salieran de las dependencias de esclavos por la noche.

Pero la mayor parte del trabajo lo hacían quienes vivían fuera de los barrios de esclavos.

Llegaron a la puerta del alojamiento de esclavos para recibir órdenes y orientación sobre lo que se debía hacer.

Listo. El trabajo que hacían era una mezcla de creencias y cultos que luego supe que eran desarrollados por el propio personal de la finca, con el objetivo de arraigar el conocimiento que vino con los negros africanos. Parte de este trabajo se puede comparar con el que realizan actualmente el Candomblé y la Umbanda. Fue permitido por los amos porque no lo creían, pensaban que todo era ignorancia y pasatiempo de los esclavos.

A menudo tenían incorporaciones. El grupo de los que se alinearon con sus hermanos ignorantes fue más violento. Predicó la venganza y el odio. Algunos eran antiguos esclavos del ingenio.

Las incorporaciones del segundo grupo fueron espíritus que siempre estuvieron ayudando a todos, incluso bendijeron a los integrantes del primer grupo. Les aconsejaron y pidieron que nos conformemos, porque el tiempo que pasa en un cuerpo es rápido.

- Todo pasa - dijeron -, el sufrimiento debe llevarnos a Dios, debemos orar y confiar. El Padre sabe lo que hace. Por tanto, no se rebelen.

Los dos grupos no pelearon. Se respetaban mutuamente. Me gustaba escuchar el consejo del segundo grupo. A veces sentía un espíritu cerca de mí. Ângelo nunca me abandonó.

Pasaron tres años, yo tenía quince años, alto, fuerte y sano, buen trabajador, ningún capataz o supervisor me había llamado nunca la atención. Hablé un rato y no respondí a las provocaciones. Nunca peleé. Entonces, era amigable con todos y con el tiempo me gustaron como hermanos. Muchos acontecimientos interesantes ocurrieron en los barrios de esclavos. Trabajando cerca de Dito, pronto me llamó la atención su tristeza: era delgado, pequeño, callado y amable. Trabajó, claro, yo dormía en la sección de hombres sin pareja, cerca de mí, ellos dormían en colchonetas en el suelo, uno al lado del otro porque no había espacio. Me di cuenta que, muchas veces, Dito miraba subrepticiamente a Zita, la esposa de José, una esclava fuerte y pendenciera que pertenecía al primer grupo. José no trataba bien a Zita. En los cuarteles de esclavos, como dije, había muchas peleas, especialmente entre los cónyuges. Y José le ganó mucho a Zita. Siempre hubo quienes separaron estos malentendidos.

Noté que Dito sufría cuando los veía a los dos juntos o cuando la maltrataba.

Zita estaba embarazada de su tercer hijo. Un día José se peleó con Zita y la golpeó. Zita entró temprano su labor de parto. La vieja negra, ayudada por otras mujeres, fue quien dio a luz a los bebés. Fueron a ayudar a Zita, pero ésta falleció. Nació un niño

que le iba bien. José le pidió a otra esclava que había tenido una hija hacía unos días que le criara al niño. Ella aceptó y así lo hizo. Para el capataz le dijeron que Zita murió por complicaciones del parto. Nadie dijo que José la golpeaba. Ese día, José fue liberado del trabajo para poder enterrar a su esposa.

Los esclavos no se casaban, se juntaban, se llamaban varón y hembra. No muy lejos de los barrios de los esclavos, había un lugar donde se enterraba a los esclavos.

José sintió tras la muerte de Zita, se esforzó por no llorar al ver a su compañera muerto; de manera ruda, él la amaba.

No queriendo ser inconveniente, observaba discretamente a Dito y muchas veces lo vi llorar a escondidas. Terminé preguntando:

-Entonces, ¿qué pasó? ¡Somos amigos!

¿No quieres contarme qué es lo que tanto te molesta? ¿Y la muerte de Zita?

- Si estuvieras más tiempo en el cuarto de esclavos, sabrías que Zita y yo hemos estado saliendo desde que éramos niños. Como buenos chicos empezamos a amarnos. Pero José la quería, la violó y la hizo su esposa. Aconsejada por ella misma que se quedara callada, porque José la mataría si se atrevía a enfrentarlo, nos separamos. Alguna vez la amé y la amo. Sufrí con ella los malos tratos a los que la sometió José. Ahora si es libre de todo esto, de la esclavitud y de él, pero no la volveré a ver.

Ella murió muy tristemente.

Seguimos nuestro trabajo, me quedé en silencio porque no sabía qué decirle. Pensé: "todas las muertes son tristes y alegran a los que quedan."

Nunca trabajé en el ingenio ni en la caldera, mi trabajo era en el campo; cortaba la caña, la fajaba y la ponía en carretas o carretas de bueyes y carpaba mucho, a veces en la huerta, a veces el camino, a veces la propia granja.

Tres días después de la muerte de Zita, como siempre ocurría, ella fue evocada por ambos grupos juntos. Lo primero que se dijo en estas ocasiones al evocado era que su cuerpo había muerto. Zita lloró al enterarse, estaba aturdida y dijo que prefería estar sola, que no estaría en ninguno de los grupos. Pero si tuviera que elegir, prefería el grupo de los buenos. No quería venganza, solo quería ayudar a sus hijos. La decisión del espíritu fue respetada. A José no le gustó, pero ahora no pudo someterla aun más.

Dito se quedó triste, consumido y dijo que era por amor.

Otro hecho triste fue el de Isabel y Bastião. Dijeron que los dos se querían y que un administrador de una plantación la quería, la sacó de la senzala y vivió con ella unos años.

Tuvieron tres hijos mulatos. Cuando se cansó de ella, la llevó de regreso a los cuartos de esclavos con los niños. No le importaban en absoluto sus hijos, que eran tratados como los otros niños en la senzala. Como Bastião la amaba, permanecieron juntos, se llevaron bien y tuvieron dos hijos más. El capataz que había violado a Isabel siempre se burló de él, dijo riendo:

- ¿Qué tal, Bastião, te gustan mis sobras?

Dijo cosas inapropiadas y ofensivas. Bastião no respondió porque sabía que si lo hacía iría al cepo. Una vez estaba cerca de él y escuché al capataz ofenderlo. Bastião incluso se mordió los labios, que sangraron, para no responder. Cuando el capataz se fue, le dije:

- ¡Bastión, eres valiente!

- ¿No crees que soy un cobarde por no contestar?

- Esto es lo que quiere. Yo lo castigaría. No merece tu respuesta. Creo que eres valiente por ofenderte y no responder. Así es como se hace.

- ¡Un día me las pagará!

- Haz lo que dice Lourenço, olvídalo. Realmente creo que hay una razón para todo esto.

- No es necesario que le hagas pagar, las leyes de Dios lo harán.

- ¡Cállate y trabaja!

Con la orden de otro capataz, nos callamos y continuamos con nuestro trabajo. Toño Soñador, o simplemente Sonso, era muy digno de su apodo. Soltero, todavía joven, era un soñador, se llevaba bien con todos. Él siempre decía:

- ¡Huiré! ¡Oh, si lo hago!

Se dieron consejos. Lourenço estaba preocupado y siempre le decía:

- Sonso, no huyas, sabes que es imposible, nadie ha logrado escapar de este lugar.

- ¡Pero yo lo haré! Tengo todo planeado exactamente.

Y un día, cuando contaron los esclavos que regresaban del trabajo, faltaba uno. Se volvió a contar, realmente faltaba uno y pronto descubrieron que era Sonso. Nadie lo vio. El supervisor amenazó. Pero en realidad nadie lo vio. En la senzala estaban preocupados. Sabían que pronto habría una muerte, la de Sonso.

Llegó la noche y no encontraron a Sonso, ni tampoco al día siguiente. Como los capataces no lo encontraron, el coronel Honório contrató a un capitán de la selva y su banda de la ciudad para que lo persiguieran.

Al cabo de cinco días lo encontraron no lejos del ingenio. Lo ataron al baúl y lo amenazaron con un hierro candente para decirle cómo escapó y dónde se escondió. Sonso dijo lo que pasó:

- Subí al árbol embrujado y me escondí allí. Pensando que no me encontrarían más, bajé y me interné en el bosque.

La orden fue dada por el coronel Honório.

- ¡Que muera en el látigo!

Estos castigos fueron vistos por todos en la finca. Seguí mirando porque tenía que hacerlo. Con cada clic y cada gemido sentí que me dolía por dentro. Cuando el castigo, al final, Sonso era una masa de sangre. Uno de los capataces lo soltó y dio la orden.

- ¡Tres de ustedes entiérrenlo! Sus padres y hermanos lloraron.

Pero tanto Lourenço como uno de los malos, al que le gustaba que le llamaran así, le sacaron un poco de sangre y la guardaron.³ Tres días después, por la noche, lo citaron. Colocaron su sangre en el centro de la rueda. Sonso vino y se incorporó, todavía estaba con dolor.

- ¡Es trabajo para ti! - Dijo un esclavo que estaba incorporado y pertenecía al primer grupo.

- Ahora tú, Sonso, nos escucharás – dijo uno de los malos.

- Te hicieron daño. Huir era tu derecho. No merecía este castigo. Debes ser un hombre y vengarte. Todo el que nos oprime debe sufrir, los capataces, los coroneles, los capitanes, todos deben pagar. ¡Venganza! Debes quedarte con nosotros y tomar venganza.

Como se hizo en estos casos, el espíritu escuchó a ambos grupos. Luego fue el turno de hablar del guía incorporado de Lourenço.

- Sonso, todos le aconsejaron que no huyera, porque sabíamos que no lo lograrías. Tuviste una buena idea, pero la venganza no le hace ningún bien a nadie. Si puedes al recordar tu pasado, comprenderás que tu muerte fue el resultado de tu experiencia anterior. Perdonar es bueno para nosotros.

Sonso pensó un poco, se incorporó a la negra vieja que siempre sirvió para este intercambio.

- Simplemente no quiero quedarme aquí, con ninguno de los grupos solo quiero irme. Si es necesario perdonar, perdono, pero quiero irme.

- Te llevarán a un buen lugar. Te llevaré - dijo el espíritu incorporado en Lourenço. Se marcharon los dos, el buen espíritu y Sonso. El espíritu maligno se incorporó y escupió a un lado y comentó:

---

³ Normalmente se utilizaba algo evocado para visualizarlo. En este caso se trataba de sangre, en otros, ropa u objetos personales. Hoy en día, en ciertas sectas, este proceso todavía se utiliza. (N.A.E.)

- El sonido es suave. Perdonar después de haber sido asesinado a golpes. Si aquí todos unidos la venganza sería fatal, de Sonso también nos vengaremos, no lo harán pierden esperando. Sonso siempre fue débil y soñador, nosotros no, somos fuertes y nos vengaremos, en esta vida, en otra, en cualquier caso nos vengaremos.

Le pregunté a la negra vieja tan pronto como todos los espíritus se alejaron:

- ¿Evocas a todos los que mueren?

-A los niños no, a ellos los lleva gente de bien a su lugar propio y agradable. Pero si notamos que un niño muere por aquí, lo recordamos. Algunos, es raro, evocamos y no vienen. En este caso, o los buenos ya se los han llevado, o ya están con los malos.

- ¿Y los blancos? ¿También son evocados?

- Decidimos dejar que los blancos se encargaran. No creen que los muertos del cuerpo nos hablan con nosotros, el cuerpo carnal vivo. Pero, si hay razón y especial, podemos hacerlo. Por ejemplo, si es un buen hombre blanco, podemos orientarlo, porque la gente buena siempre debe favores. Si es realmente malo, entonces simplemente lo dejamos con el primer grupo y nosotros en el segundo no interferimos. A la persona evocada se le muestra que su poder se acabó, que el cuerpo que le hacía importante ha muerto y ahora está en manos de sus verdugos.

Todo terminó, todos se fueron a dormir. Recé, pero no sabía las oraciones que eran importantes para mí en ese momento, las que memorizaban los blancos. Pero, desde el fondo de mi corazón, le pedí por Sonso al Padre Mayor. Mi renuncia, mi petición sincera, supe más tarde, era verdadera oración.

Dos capataces me llamaron la atención durante el tiempo que viví en el barrio de esclavos. Era bueno, a todos en la senzala les agradaba. No castigó a nadie, fue comprensivo y hasta mintió para evitar el castigo. El otro era malo, cínico, arrogante, detestado.

Muchos de los trabajos de los malvados fueron hechos para él, en este caso ni siquiera Lourenço interfirió.

A mis hermanos los veía poco, pero mamá Naná siempre estuvo conmigo y fue ella quien me dijo:

- Siñáziña Deolinda, la hija menor del coronel, está prometida en matrimonio a un joven de familia amiga. Ella está luchando mucho porque no quiere casarse con sui prometido. Está enamorada de otra persona, un chico pobre.

- ¡Pobrecita!

- Los señores, también tienen problemas - dijo mamá, y la señorita y yo todavía lloramos hasta el día de hoy por su hijo que murió por una mordedura de serpiente.

Siñáziña Deolinda era muy amiga de una pequeña niña negra, Laria, que era su camarera o sirvienta privada.

María iba a menudo a los barrios de esclavos para realizar trabajos de despacho en el río y en el bosque para aquellos que estaban atrapados. Le apasionaba Tiago, un esclavo que cuidaba a los animales, de los caballos que tenían los señores. Tiago fue anteriormente novio de otra esclava. Por un trabajo que hizo María, Tiago terminó la relación y comenzó

Sal con ella. Tiago acabó enamorado.

Mamá me contó que María le habló de estos rituales a Siñáziña Deolinda, quien creyó en ellos e incluso le pidió que le hiciera uno (trabajo o hechizo) para terminar la relación.

indeseable.

María solía ir por las noches a hablar con personas de ambos grupos para que le enseñaran cómo hacer un pedido que hiciera que Siñáziña terminara la relación.

Un día la esclava se despertó con un solo susurro.

- ¡Mataron a María y Tiago se ahorcó! Todos en el barrio de esclavos estaban tristes, en primer lugar porque María era amiga de todos.

En segundo lugar porque ocurrió una tragedia. Pero la noticia llegó con detalles.

Los capataces sorprendieron a María con un vestido de la señorita Deolinda, en el bosque. Pensaron que ella estaba haciendo un maleficio para su ama o que había robado el vestido. María fue ultrajada violentamente por todos ellos, quienes la lastimaron mucho.

Ella, a causa de estas heridas y hemorragia, falleció. Cuando Tiago se enteró, se desesperó y con una cuerda que ató a una rama de un árbol, un palto, cerca de la senzala, se ahorcó.

Durante muchos días solo se hablaba de esto y todos los esclavos lo sentían. Cuando la única razón por la que pude hablar con mi madre fue porque supe toda la verdad.

- Gusto, nosotros en la casa grande recién nos enteramos de lo sucedido a la mañana siguiente. Lo que realmente pasó fue que la señorita Deolinda le pidió a María que hiciera un trabajo para poner fin a la relación no deseada. Y María estaba con el vestido que Siñáziña usó la última vez que vio a su novio. Y fue ella misma quien dio el vestido a María. Cuando la señorita Deolinda se enteró de lo sucedido y de la muerte de María, lloró mucho. Pero no dijo nada por miedo a sus padres. Después, la tragedia ya había sucedido y Nadiña le aconsejó que se quedara callada.

Tanto el primer grupo como el segundo coincidieron en un hecho: los dos rebeldes recién desencarnados iban a sufrir mucho. Lourenço dijo:

- Se apresuró Tiago, no debería haberse suicidado. Los que se suicidan sufren mucho

- Ni el diablo quiere a nadie que se suicide, comentó un integrante del primer grupo.

- ¿Por qué? - Preguntó un esclavo que estaba prestando atención.

- El sujeto sufre tanto y a veces está tan perturbado que ni siquiera los espíritus malos lo quieren cerca. ¿Quién quiere un loco que no sirve para nada? ¿Por qué los espíritus de personas malas ayudan a otras personas malas. Los buenos ayudan a todos. Lourenço, respóndeme dijo volviéndose hacia mi amigo -, ¿podrán tus buenos compañeros ayudar a Tiago?

Lourenço pensó un poco y respondió con calma.

- Tienes razón al decir que las personas suicidas sufren mucho. Los buenos no podrán ayudarlo pronto. Tendrá que arrepentirse, pedir perdón y perdonar. Pero esto debe ser honesto. Tiago, por su acto irreflexivo, sufrirá mucho.

- ¿Sufren todos los que se suicidan? - Yo pregunté.

- Todos, pero no igualmente, mucho depende de su estado en ese momento, de la causa y de su sincero arrepentimiento. Quienes premeditan este acto sufren más. ¿Estás mal si deseas morir? - Preguntó Elías a Lourenço.

- Sí, está mal. Debemos intentar vivir bien en cualquier situación en la que nos encontremos. Muchas veces las dificultades del momento nos llevan a desear la muerte, debemos luchar contra este deseo. El Padre más grande sabe por qué sufrimos. Quienes no aceptan las dificultades aquí difícilmente las aceptarán allí. Lo importante es amar la vida, resolver los problemas que podamos y aceptar las dificultades que no podemos cambiar.

- Pero ser esclavo no es fácil. Al morir te vuelves libre dijo un esclavo.

- No todos, hijo mío - respondió Lourenço -. Hay muchos esclavos de allí. Los que fueron esclavos en la rebelión casi siempre no encuentran el favor de los demás allí. ¿Tú no ves que la mayoría de los espíritus que vienen aquí son los de antiguos esclavos? Y los que quieren venganza son prisioneros de la venganza. Quien está atado a algo no es libre. Tú también no ves que los que aquí eran malos se convirtieron en esclavos de los que no perdonaban. Ahora reunámonos y oremos por ambos.

Muchos del primer grupo se quedaron a orar. También oré. Me gustaba cuando se reunían para orar. Lourenço pronunció en voz alta una hermosa oración y todos la siguieron en silencio.

Luego nos fuimos a dormir.

Días después de lo sucedido, otro rumor: María y Tiago aparecían en la finca. Y había muchos para verlos. En ese momento apareció Tiago con su cuerpo balanceándose del árbol, en ocasiones los dos aparecían de la mano paseando por el ingenio.

Lourenço evocó el espíritu de María que estaba muy enojada, con odio y no quería dejar a Tiago que se había vuelto loco. Dijo que se vengaría de los capataces. Oramos por ambos. El primer grupo pensó que lo correcto era que María se vengara e incluso le dieron algunos consejos. Los espíritus que trabajaron con ellos prometieron ayudarlos. Los capataces no comentaron el hecho, pero sentimos que tenían miedo y evitaban el árbol, que, como resultado, se convirtió en un lugar de encuentro entre los negros en la casa grande y los de la senzala. Fue en este árbol donde se escondió Sonso.

En los cuarteles de esclavos, en verano, el calor era terrible, asfixiaba por dentro. En invierno estaba incluso delicioso. El trabajo era mucho y la comida siempre era la misma, lo mejor que tuvimos era la fruta del huerto detrás de las dependencias de los esclavos, que los niños recogían para nosotros. El período que viví en la senzala fue una gran experiencia de aprendizaje para mí. Tal vez fueron los tres años en los que gané mayor experiencia en mi existencia en la Tierra, el escenario donde siempre estamos representando un personaje, como decía Ângelo.

Me encontré con mamá de nuevo. Después de darme noticias de mis hermanos y amigos, me dijo, porque sabía que yo estaba interesado:

- Siñáziña Deolinda está desesperada, hijo mío, llora mucho y no quiere que le impongan a su prometido.

- ¿Crees que acabará casándose?

- ¿Quién va en contra de la orden del coronel? Sentí pena por ella. ¡Ella es tan bella!

Días después me alegré cuando el capataz me dio la orden:

- Gusto, vas a allanar el camino. ¡Haz un buen trabajo! Siempre carpeaba lo dije bien, pero estaba feliz porque a partir de ahí podría observar la casa grande y sus residentes. Me gustaría mucho ver a la señorita Deolinda. Desde donde trabajaba podía ver a mis visitas, a mi madre y a mis hermanos que ya estaban crecidos.

Era una tarde calurosa, el sol brillaba fuerte. Siñáziña Deolinda y su prometido fueron a dar un paseo a caballo, se detuvieron en el camino, cerca de unos árboles, y conversaron.

Al estar cerca, me acerqué y los escuché. Comenzaron a discutir, la señorita Deolinda decidió contarle a su prometido todo lo que estaba pasando. La escuché decir casi gritando:

- ¡No me gustas! ¡No quiero casarme! ¡Amo a alguien más, no a ti! ¡Estoy comprometida, gracias! ¿Esto no hiere tu orgullo?

- ¿Quién es el otro? - Preguntó el novio furioso.

- No te lo diré.

- ¡Tienes que desearme! ¡Va a ser mía ahora!

El chico le apretó los brazos con fuerza. Siñáziña Deolinda intentó liberarse. La besó con fuerza. La empujó y la hizo acostarse.

Salí de mi escondite y fui a ayudar a la Siñáziña. Avancé hacia el imprudente novio. Se lo quité de encima.

- ¡Negro insolente! ¿Cómo te atreves a interferir? - Gritó emocionado... Me paré frente a la señorita, quien se levantó asustada.

-¡Defiéndeme, esclavo! -Pidió angustiada.

- ¡Apártate del camino o mueres! - Dijo el joven, sacando un puñal de su cintura. No me fui, me quedé quieto. Iba a defender a mi pequeña dama. El joven no dudó y me apuñaló en el estómago. Caí. Sentí un dolor horrible, el puñal se quedó en mi abdomen y la sangre corrió en abundancia. Siñáziña Deolinda empezó a gritar desesperada. Pronto llegaron corriendo los sirvientes y esclavos de la casa grande y el joven montó en su caballo y salió corriendo.

Un esclavo sacó el puñal de mi vientre y usó su camisa para tapar la herida. Siñáziña Deolinda no se movía, lloraba y gritaba. Siñá Decleciana también llegó corriendo.

- ¿Qué pasó, hija? ¿Qué sucedió? - Preguntó preocupada.

Sentí alegría cuando la vi. Amaba a esa señora y no sabía por qué; sintió que ella lo amaba. Siñáziña respondió, todavía llorando:

- Mi prometido intentó matarme. Si no fuera por este esclavo, me haría daño con una daga.

- ¡Cálmate, querida! Todo ha pasado. Vamos a casa.

Los miré. Sentí mucho dolor, pero me quedé quieto, ni siquiera gemí.

Continué tirado donde caí. Siñá Decleciana me miró y dio órdenes a los demás esclavos que se habían reunido:

- ¡Coge a este negro para que muera en las sombras! - Abrazó a su hija y los dos se dirigieron a la casa grande.

Con cuidado, cuatro esclavos me llevaron, colocándome en el patio y, como decía la señora, debajo de un árbol. Le avisaron a mamá Naná que vino corriendo, y también fueron a buscar a la negra vieja para intentar ayudarme.

Mamá Naná se acercó a mí llorando.

- ¡Hijo mío! - Hablé con dificultad:

-Mamá... Naná... te debo... mucho. Gracias por amarme. No estés triste... No llores... por mí, no sufras más.

- Sé, hijo, que siendo tan bueno como eres, irás a un hermoso lugar en el cielo. Vivirás mejor allí.

-Si yo... puedo, a partir de ahí... te ayudaré. ¡Bendíceme!

- ¡Que Dios te bendiga!

Perdí mucha sangre. La negra vieja llegó corriendo. Se quitó la camiseta que detenía mi sangre y miró seriamente mi herida.

-¡Yo te ayudaré, hijo!

Las palabras de la señorita Decleciana todavía me duelen, resonaron en mi mente.

Es. "¡Llévate a este negro para que pueda morir en las sombras!" Estas palabras fueron más profundas y más dolorosas que la puñalada. Sentí que era hora de irme.

Mientras me despegaba de la materia, vi a Ângelo, el espíritu blanco del que tanto hablaban Lourenço y la negra vieja que siempre estaba conmigo.

- ¿Ahora es la hora? - Pregunté pensativamente.

- ¡Lo intentaste! ¡Sí, es hora! ¡Confía, estaré contigo!

Todavía tuve fuerzas para mirar a mi madre Naná, que lloraba suavemente, y decir:

- Adiós... ¡Te quiero mucho!

Miré la casa grande que tanto amaba y me sentí rechazado. no, no iré luchando por la vida. Me vino a la mente mi otra desencarnación, la de Augusto, el Señóziño.

- No me reconocieron… - dije con dificultad.

Los que me rodeaban no lo entendían. Desencarné. Dormí tranquilamente con la ayuda de Ângelo y otros espíritus del grupo bueno.

El otro día sentí a la señorita Decleciana ir a llorar a mi tumba, a la señorita Augusta, cargando flores. Fue muy placentero despertar en el plano espiritual. No sentí ningún dolor y mi herida había sanado tan bien que ni siquiera tenía cicatriz. Una enfermera me explicó muy delicadamente:

- Augusto, tu cuerpo carnal resultó herido y murió a causa de la herida. Ahora eres un espíritu revestido de otro cuerpo, el espíritu. Solo tu cuerpo carnal resultó herido. Cuando una persona desencarna y merece ser ayudada de inmediato, pronto se recupera de la enfermedad que la llevó a desencarnar. Si fue por accidente, o como el caso de Augusto, si el espíritu es bueno, el accidente no afecta el periespíritu. Pero, si la persona no merece ir a buenos lugares, deambula entre los encarnados y por el Umbral entre los enfermos y heridos, permaneciendo a veces igual o similar al estado en el que desencarnó. Gusto, cuando despertó en el plano espiritual, ni siquiera tenía una cicatriz.[4]

Pronto recibí la visita de mi amigo Ângelo. Cuando lo vi, vi en él una persona muy querida a quien debía mucho. Lo abracé cariñosamente. Inmediatamente me dio explicaciones.

---

[4] Uno de los factores para tener la herida sana tras la desencarnación en casos similares al de Augusto es no perdonar. Cómo nuestro protagonista perdonó de todo corazón a un asesino, su periespíritu ni siquiera resultó herido. (N.A.E.)

- Augusto, estás en la Colonia Casa de la Luz, en la sección para adolescentes.

- Ângelo, tengo muchos recuerdos. Mientras mi cuerpo moría recordé que yo era el otro Augusto, el hijo del coronel. ¿Es verdad?

- Sí, eras el otro Augusto, el pequeñito. Es que, amigo mío, nuestro espíritu regresa a la Tierra muchas veces, cada vez en un cuerpo diferente. Se acercan a un feto, vivimos encarnados en el cuerpo hasta nuestra muerte. Luego, a través de la desencarnación, regresamos al plano espiritual y vivimos en el cuerpo periespiritual.

- ¿El periespíritu cambia de forma? - Quería saber.

- Sí, es una copia del último traje que teníamos cuando encarnamos.

Aunque podemos cambiar, si lo deseamos, y si lo permite el Departamento de Reencarnaciones. Pero te voy a contar todo lo que pasó para que lo recuerdes.

Ângelo contaba mi historia, desde que reencarné en como Augusto y me acordaba. Cuando terminó, me sentí triste.

- Creo que fallé - dije.

- Augusto, este reconocimiento es muy difícil.

Muchas veces en la carne, nos gustan o no las personas, sin saber por qué.

Con las antipatías debemos luchar contra ellas, pero con las simpatías debemos cultivarlas. Sin embargo, dejo claro que estos sentimientos, la antipatía y simplemente la empatía, que tenemos para las personas, existen porque estuvimos juntos en otras encarnaciones. En ocasiones, estos sentimientos existen por afinidad o rechazo; es decir, porque tenemos los mismos fluidos o completamente al contrario. Muchas veces, amamos a un ser querido como a hijo, padre y madre en una encarnación. Pero este amor no llegó a ser purificado, sin que el orgullo y el egoísmo fueran reconocidos en otro ropaje; es decir, sobre otro cuerpo extraño. Augusto, tus padres señores te amaban, pero de manera egoísta. Querían con orgullo a su hijo blanco, hermoso, sano y perfecto para la continuación de la familia. Antes de encarnar, fuiste advertido sobre esta posibilidad. Sabías que sería difícil ser reconocido por ellos como un espíritu.

- Eres amigo.

- Su orgullo es grande. E incluso, Augusto, con gente normal, sin orgullo, ese reconocimiento es difícil.

- Pero sé que hay personas que aman a los hijos de otras personas como si fueran propios, hay amigos que son más que hermanos.

- Esto es cierto. Nuestra amistad prueba este hecho. Yo fui tu padre en reencarnaciones pasadas. Nuestro cariño es sincero y desinteresado. Cuando tu amigo es sincero, una vez amigo, siempre amigo. Hay familiares que solo son tolerados y estos en otras reencarnaciones son indiferentes, sobre todo si no vuelven a ser familiares.

- Pero mis padres lloran por mí hasta el día de hoy.

- Te lo dije, lamentan tu pérdida. Te amaban egoístamente. Más aun, si no conocen la Ley de la Reencarnación, les resulta difícil concluir que quien podrías ser hijo Augusto Branco.

- Fallé...

- Lo intentaste, esto es importante. Este período fue un período de gran aprendizaje para tu espíritu, el cual se llenó de un cuerpo negro. Creo que aprendió mucho para trabajar en el futuro.

- ¡Seré un gran abolicionista! Si me lo permiten, quiero serlo.

- Ciertamente lo serás. Todo lo que aspiramos para nuestro bien y el de los demás tenemos permiso para hacerlo. Sin embargo, muchas veces para poder hacer algo necesitamos aprender.

- Anhelo aprender y lo haré con amor.

Ângelo me llevó a revisar todo. Muchas cosas, lugares, habían cambiado en la Colonia en estos años. En las Colonias siempre hay crecimiento y mejora que es necesario. Ella era más encantadora. La Colonia Casa de la Luz es un lugar que amo mucho. En estos paseos intercambié ideas con Ângelo y le hice muchas preguntas. Desde un ángulo, hay personas que ¿no les gusta la Colonia?

- Sí, hay gente a la que no le gusta estar aquí. Amigo mío, la Colonia es hermosa para mí, para ti, para quienes vibran con ella; este entorno. Los que no vibran con la Colonia, puede que les resulte aburrido, aun así, con mucho orden y disciplina. La belleza difiere entre las personas y también el gusto.

Entendí. Pensé en el mal capataz del ingenio, estaba sucio y apestaba. Ducharse era un castigo para él y los objetos limpios como la ropa le parecían una ofensa. Ciertamente no le gustaría la Colonia. Hablando de ropa, llevaba ropa hecha allí en la Colonia, pantalón y camisa blancos y limpios. Me gustó mucho el de ellos y yo ya no he cambiado.

Después de unos días, sentí que la gente de la senzala me llamaba. Corrí buscando a Ângelo para decírselo. Lo encontré en su trabajo, en el hospital.

Ângelo - le dije a mi amigo -, siento mucho que la gente del barrio de esclavos me llame. Me siento inquieto y no sé qué hacer.

-Te sacaron sangre de la herida y te están convocando.

-¿Ayudan al espíritu con estas evocaciones? - Pregunté.

- Sí, ayudan. A su manera rudimentaria, los esclavos informan al desencarnado de su situación. Esto evita que muchos deambulen sin saber de su muerte. Ellos trabajan como ya sabes, Lourenço y la negra vieja seguramente aprenderán más adelante a realizar este tipo de ayuda de manera más eficiente. Como dije, lo hacen de forma rudimentaria y sin conocimiento.

- ¿Este "más tarde" significa en el futuro, o en otras encarnaciones?

- Sí. No pasará mucho tiempo antes que surja una religión que comprenderá, hará comprender este proceso, este intercambio con los desencarnados, y explicará la Ley de la Reencarnación.[5]

- Siento fuertemente su llamado. ¿Es por mi sangre?

- No, es su mente. La sangre es simplemente algo material que usan para concentrarse. Lo que importa es la mente y la fe. No te preocupes, iré un momento a tu casa y les explicaré que estás bien.

- Ângelo, te estoy agradecido.

- Ciertamente.

Todo lo que Ângelo tuvo que hacer fue irse y la llamada se detuvo. Sentí dentro de mí que me llamaban: "¡Gusto, ven amigo! ¡Acércate a nosotros! ¡Ven a hablar con nosotros!"

Media hora más tarde, Ângelo regresó sonriendo como siempre.

- Augusto, ¿ya está todo bien? - Preguntó mi amigo.

- Todo. ¿Cómo estaba allí?

- Me uní a la negra vieja y hablé de ti. Aproveché y animé al segundo del grupo y le di algunas lecciones de moral en el primer grupo.

- ¿Ayudó?

- Para el segundo sí, el estímulo fue recibido de buen gusto. Por el primero fue una semilla sembrada. Escucharon como siempre lo hacen, pero de momento no prestaron atención.

---

[5] Tiempo después, efectivamente, llegó, a través del Codificador Allan Kardec, el Espiritismo que nos explicó todo esto y nos hizo comprender la justicia misericordiosa de Dios. (N.A.E.)

Le agradecí en tu nombre. Lourenço dijo que le dará noticias de ti a tu madre Naná. Ella estará feliz.

- Ângelo, ¿incorporación significa entrar en el cuerpo del médium?

-No, el espíritu comunicante no reemplaza al espíritu del médium, porque no puede moverse del cuerpo. Lo que debemos entender por incorporación es sintonizar o inducción mental de cerebro periespiritual a cerebro periespiritual. Eso es, una mente sintonizándose con otra. El encarnado recibe los pensamientos de los desencarnados y los transmite.

- ¡Esto es fascinante! ¿Lo admitirán en el futuro los ilustrados?

- Ciertamente. Los que estudien serán los que más entiendan. Las personas inteligentes, interesadas y basadas en la fe encontrarán lógica en este aprendizaje. Y es religión que surgirá en el futuro reavivará la fe. Porque, mi querido Augusto, la fe necesita un fundamento sólido, que es la comprensión, duele comprender que hay que creer, aparecerá el tiempo que no se puede creer, para creer será necesario comprender.

- Y la Ley de la Reencarnación es la más justa en mi opinión y necesita ser enseñada por esta religión.

- Y lo será.

Ângelo, sé que nos reencarnamos a través de la Ley de Causa y Efecto, para reparar nuestros errores. ¿Fue también por otra cosa? La reencarnación no es castigo sino evolución. Y es necesario que encontremos resistencia para crecer y evolucionar espiritualmente. Y el cuerpo carnal nos ofrece esta resistencia.

Terminé adaptándome rápidamente al plano espiritual. Pero pronto se me ocurrió que podía intentar ayudar nuevamente a mi familia de la encarnación anterior, quienes, increíblemente al parecer todavía estaban llorando por mí. Después de la noticia que

Ângelo les dio a mis amigos en la senzala, ellos se resignaron e incluso pensaron que era bueno y merecía que yo estuviera bien. Mis hermanos Dito, Chico y Marianita, con quienes tenía poco contacto, también se alegraron con la noticia que ya estaba libre y en un lugar muy tranquilo y bueno. Ellos creyeron totalmente, esto fue bueno para mí, agradeciéndolo de corazón. Recibí buenos fluidos de esta fe, de esta creencia, acepté lo que querían para mí. Ángelo me explicó:

- Augusto, desear algo bueno para la gente es enviar fluidos positivos que son tan fuertes como las oraciones; es decir, este hecho es la oración misma. Esto vale mucho tanto para los encarnados como para los desencarnados.

- Y lo que deseamos para los demás lo acabamos recibiendo también, ¿no?

- Sí, tanto los malos deseos como los buenos. ¿No sabes el dicho? Siempre hay un poco de perfume en las manos de quien ofrece rosas.

Madre Naná incluso estaba orgullosa que yo estuviera en un lugar maravilloso, como le dijo Lourenço. Ella me extrañaba, a veces lloraba, pero sus lágrimas resignadas no me molestaban. ¡Nana era tan dulce!

Recuerdo bien mi otra encarnación, como Siñóziño Augusto. Pero también tenía recuerdos de otras existencias. Algunos hechos fueron tan reales para mí que pareció reanimarlos.

Asesorado por un instructor del Educandário, realicé una visita al Departamento de Reencarnaciones. Quien me atendió fue Luciano, un señor amable y conocedor que me escuchó pacientemente. Le conté lo que me pasó y terminé diciendo:

- Luciano, estos recuerdos no me molestan, surgen espontáneamente. ¿Son producto de mi imaginación? ¿O siquiera lo recuerdo?

- Tengo tu archivo de reencarnación aquí conmigo. Augusto, estos recuerdos no son fruto de tu imaginación. Cuando el espíritu es capaz de recordar; es decir, en el sentido popular, maduro para ello, este recuerdo se produce de forma espontánea, puede ser en el período desencarnado o encarnado. Tú mi querido Augusto eres un espíritu educado, has estado estudiando durante muchas encarnaciones, y con esto has desarrollado tu inteligencia. Has reencarnado muchas veces en países civilizados y has desarrollado el don de la literatura.

- ¿Eso significa que ya he escrito mucho? ¡Pero en estas dos últimas encarnaciones ni siquiera aprendí a leer!

- No hubo ninguna posibilidad. No lo has aprendido en su cuerpo, pero en tu memoria periespiritual tienes mucho conocimiento archivado. Ya has escrito mucho, poemas, cuentos, cuentos, novelas, etc. Este don quedó quieto, como dormido, para que tú hicieras el otro trabajo. Pero confirmemos tus recuerdos; reencarna en Portugal cuando comenzaron a buscar negros en África para ser esclavos en América. Fuiste uno de los que impulsó esta hazaña. Sin embargo, eras un soñador, no previste las consecuencias de tu acto. En primer lugar, porque creías en las palabras de la Iglesia, que decía que los negros no tenían alma y que podían ser civilizados por los blancos a cambio de trabajo. Pensaste que era algo bueno para ambas partes. Tú, queriendo hacerte más rico, porque eras rico en ese momento, viniste con tu familia a Brasil y compraste muchos esclavos. Pronto comprendiste que no era tan sencillo como pensabas. Los negros sentían nostalgia y tristeza.

El cautiverio no fue así de fácil, no podía dejarlos sueltos y libres, había que obligarlos, simplemente trabajando. Quedó ante un gran dilema. Había invertido todo en Brasil y quedaría en la pobreza con su familia si abandonaba su proyecto. Agricultura terminada o como otros amos: cuartos de esclavos, castigos, etc. La familia que te anima a venir es esto para aquellos a quienes les importa.

Luciano guardó silencio por un momento. Él habló y yo recordé en detalle. Me había dejado llevar por la ambición. Recordé los discursos que di en apoyo a la búsqueda de los negros en Estados Unidos. Llorar.

- No, Augusto - dijo Luciano - no llores. Ya pagaste mucho por esto. Mira cuánto has sufrido ya por esta necedad. Después fuiste solo una pieza.

La decisión no fue solo tuya. No hay un solo responsable. Como amo, no tratabas mal a tus esclavos, al menos no te excedías. Cuando desencarnaste, viste que el negro tenía un espíritu como el tuyo y eso te amargó mucho. Pediste reencarnar en Portugal en una familia influyente para intentar luchar contra este comercio absurdo. Lo intentaste, reencarnaste y con tus artículos y discursos intentaste advertir a los reyes, a las autoridades contra este crimen, que estaba sacando a los negros de su país de origen y hacer de ellos esclavos en tierras lejanas. Sus ideas iban en contra del lucro considerado. Portugal era rico a expensas de la Colonia brasileña. Cuando los intereses y la economía están involucrados, ciertas ideas molestan a los beneficiarios. Así que tú, aun joven fuiste asesinado. Volviste a desencarnar, perdonaste a tu asesino, comprendió su situación desencarnado y regresado a Brasil. Estuviste en esta misma Colonia y pediste permanecer en tierras brasileñas. Ver prosperar y utilizar a la familia que trajiste contigo de manera cruel los seres humanos más frágiles en estos momentos, te entristece.

Sin embargo, te dijeron: todo lo que sucede es por decisión Divina. No se cae ni un pelo, como lo expresó Jesús, de nuestras cabezas sin que el Padre lo sepa. Y todo tiene una razón de ser. Entre los esclavos hay espíritus que de una forma u otra necesitan este aprendizaje. Pensando que no valorabas la vida humana, quisiste reencarnar en la familia que trajiste de Portugal. Así, como el pequeño Augusto, aprendió a valorar todas las vidas encarnadas; por eso falleció siendo niño, cuando anhelaba convertirse en un ser adulto y ser un buen dueño de esclavos. Todos tenemos sueños y deseos por cumplir.

Cuando encarnaron, amos, esclavos, pobres y ricos. Y tantos niños desencarnados y desencarnados por falta de atención. Aunque por este hecho siempre tiene razón de ser. Hay espíritus que desencarnan niños y jóvenes por otros motivos, hay muchas causas.

Luciano volvió a hacer una pausa.

- Estoy tratando de reparar mi error, he pasado por tres reencarnaciones, lo he intentado y no puedo – me quejé.

Mi sabio instructor respondió con calma:

-¿Y por qué crees que no lo lograste? Como dije, este período de esclavitud en Estados Unidos tenía que suceder. Tú lo alentaste, luego, en otra encarnación, luchaste para detener este comercio y fuiste asesinado. No te rebelaste y perdonaste, simplemente me dejo triste tomar el control de ti. Quisiste reencarnar y desencarnar poco después para aprender a valorar la vida, encarnado. Quizás, si te hubiera quedado, habría tenido una máquina y muchos esclavos. Con esto podría tener la oportunidad de hacerles el bien.

- No me sentí preparado para esta hazaña - dijo -. Temía que la ambición me convirtiera en propietario de una plantación como mi padre.

- Vale, tanto es así que en su momento tu solicitud fue aceptada. El coronel Honório podría, con el dolor de perder un hijo, volverse más humano. Nuevamente, si tienes otra solicitud, se permitía reencarnar como esclavo. Creo que ahora te sentirá preparado para luchar contra la esclavitud, porque vestías un cuerpo negro y sentía en su piel lo que es ser esclavo.

- Siento que ahora estoy preparado para ser un buen amo de esclavos. Pero lo seré para los pocos que estarán bajo mi tutela. ¿Y otros? ¿Los que son tan extendidos por Brasil?

- Razones correctas. En lugar de ser señor de unos pocos, ¿por qué no luchar por todos?

-¿Cómo?

- Utilizar los medios que haya utilizado anteriormente a favor de este comercio. Vuelve y usa nuevamente tu palabra para poner fin a la esclavitud.

- ¿La literatura? - Pregunté.

- ¿Por qué no? Pero, Augusto, esta vez te aconsejo que te prepares, que planifiques, que estudies con antelación para este acontecimiento. No hay prisa. Conociendo la Ley de la Reencarnación, sabemos que el Padre no es injusto. Y hasta que los seres humanos mejoren, no lo harán volver menos egoístas y orgullosos, habrá oprimidos y opresores. Si termina la esclavitud, habrá pobres y ricos. La ambición siempre llevará a los ambiciosos a explorar a los más débiles.

- El Padre es demasiado bueno para darnos, a través de las reencarnaciones, oportunidades de reparar nuestros errores.

- Ciertamente, Augusto, Dios es justo y misericordioso.

Le di las gracias y me despedí. Mi pasado, o mis reencarnaciones pasadas, eran un libro abierto. Al recordar los acontecimientos, también recordé mis conocimientos. Leer y escribir correctamente en varios idiomas. Aconsejado por Ângelo, pensaría bien qué hacer esta vez.

Pero el coronel Honório y Siñá Decleciana seguían llorando incrédulos por mí. Pensé mucho en esto. Pensé que podría intentar ayudarlos. Me sentí responsable de ellos, ya que fui yo quien los trajo de Portugal a Brasil, tal vez podría hacer algo bueno por ellos mientras estaba desencarnado. Si muchas personas desencarnadas, buenas y malas, permanecieran con los encarnados, yo también podría quedarme. Le comenté a Ângelo y mi amigo respondió:

- Augusto, ayudando a unas pocas personas aprendemos y nos preparamos para ayudar a muchas en el futuro. Sé que te sientes responsable de estos espíritus, pero ellos tienen libre albedrío y hacen lo que quieren. Al acudir a ellos, te privarás de este hermoso lugar que te merecías. También sentirás las dificultades por las que pasarán y no siempre podrás ayudarlos. Bien sabes que, plantando la mala semilla, la del orgullo y el egoísmo, solo tendrán por delante una mala cosecha.

- Podré intuirles que dejen de sembrar el mal y, quién sabe, incluso plantarán la semilla del bien.

Hablé con entusiasmo. Ángel sonrió.

- Es muy loable de tu parte preocuparte por ellos. Pues si realmente lo deseas, iré contigo al Departamento de Ayuda donde realizarás tu pedido.

Al otro día estuvimos allí. Nos atendió una chica negra muy guapa.

- Entonces, Augusto, ¿quieres intentar ayudar a un grupo familiar?

- Sí, quiero. Son los de mi encarnación pasada. Creo que debería intentar ayudarlos.

- Augusto, ¿sabes que no podrás hacer la lección que le corresponde a otra persona? Quien da la lección a los demás los priva de aprender.

- Lo sé, señora.

- ¿Sabes también que todos tenemos nuestro libre albedrío y que no podemos obligar a nadie a ser bueno o malo?

- Lo entiendo. Quiero intuirlos, rezar por ellos, seguir los acontecimientos. Quiero intentar despertarlos al bien.

- ¡Ésta es una tarea difícil!

- Lo poco que pueda hacer será suficiente para mí. No puedo disfrutar de la alegría y la paz que me ofrece la Casa de la Luz, pensando en mis seres queridos que están perdidos cada vez más. Sé que es imposible hacerlos buenos de la noche a la mañana

Sé que nadie puede hacer el bien a otro, solo podemos hacerle el bien mostrándole el camino para llegar a ser bueno. Si no puedo ayudarlos, no me sentiré un fracasado, estaré agradecido por haberlo intentado.

- Entiendo – dijo la chica -. Estudiaremos tu solicitud, te avisaré cuando tengamos la respuesta.

Esperé tranquilamente. Si me lo negaran, estudiaría y me prepararía para reencarnarme en abolicionista, si me lo permitieran, ayudarles, acudiría a ellos lo antes posible. Pero la respuesta no tardó, pronto estuve frente a la chica asistente para escuchar la decisión que tomó el consejo del Departamento después de analizar mi solicitud.

- Querido Augusto, se te permitió estar cerca de tus seres queridos y tratar de ayudarlos. Sin embargo, sin interferir en su libre albedrío[6].

Por diez años podrás ayudarlos, intuyéndolos y orando por ellos como desees. Puedes, si quieres, rendirte y volver antes de los diez años. Y si quieres volver a tener la apariencia que podría tener el pequeño señorito Augusto.

- ¿Blanco?

- Sí.

---

[6] La persona desencarnada también tiene libre albedrío. Pero, para realizar un determinado tipo de trabajo o ayuda, es necesario que, por el bien general del orden y la disciplina, pidamos permiso y orientación. Nada se hace bien por defecto. Pero siempre que la petición sea justa y buena, ya sea para el pidiente o para otros, se concede el permiso. (N.A.E.)

Pensé por un momento y respondí.

- No quiero. Me encanta el color negro. Estoy seguro que en el futuro, aunque lleve tiempo, todos serán vistos como iguales. Solo quiero que me llamen Augusto y no Gusto.

Porque Augusto es mi nombre. ¿Cuándo puedo salir?

- Cuando quieras.

- Te agradezco.

Me despedí del encargado y me fui, Ângelo me acompañó. me sentí tranquilo cuando dijo:

- Sabes que trabajo en el plano espiritual, tengo mi tarea con los pacientes ingresados en el hospital de la Colonia. Pero siempre tuve tiempo para ti y lo seguiré teniendo.

Cuando me necesites, solo llámame y te ayudaré.

- Ângelo, te estoy muy agradecido. Contar con tu ayuda me resulta gratificante. Me voy ahora.

Fui al Educandário a despedirme de mis amigos e instructores y nos fuimos. Ângelo insistió en acompañarme. Volvimos al ingenio.

Mi corazón agradeció ver ese lugar, un escenario en el que viví de una manera tan diferente dos encarnaciones.

- ¡Amo este lugar! - Exclamé.

- Augusto, hay que amar en todas partes. Todo es obra de nuestro Padre más grande, de Dios.

Me sentí feliz de estar ahí para otra tarea, que sin duda me daría más experiencia y mucho aprendizaje.

La primera persona a la que fui a ver fue a mamá Naná. La abracé con mucho cariño. Quizás al sentir mis fluidos se acordaría de mí. Sonrió con tristeza y pensó: "Estoy extrañando a Gusto, pero me alegro que esté bien y feliz ahora." La besé con mucho amor. Mis hermanos trabajaban correctamente, todos trabajaban en la casa grande y vivían en el almacén. En estos diez años siempre he intentado animarles a aceptar con paciencia y resignación la esclavitud a la que fueron sometidos por esta encarnación.

Luego fui a ver a mis amigos del barrio de esclavos, Lourenço y la negra vieja. Tan pronto como entré me vieron y quedaron contentos con mi presencia. Hablé con ellos. Le expliqué que estaba allí para una tarea especial con los señores. Me cuidan con mucho cariño, me bendijeron, deseando éxito. Durante los años que estuve allí fui a verlos mucho, a veces para recibir aliento, a veces para tener una conversación amistosa.

Pero mi tarea me esperaba y debía iniciarla lo antes posible. Fui a ver a los señores de las plantaciones. Sentí amor filial por mis dos madres, hacia Decleciana y Nana. Entonces decidí que a partir de ese día las llamaría por su nombre. Cuando entré a la sala de la casa grande, Siñá Decleciana estaba regañando a Nadiña, mi ex niñera que ya era mayor y todavía trabajaba en la casa como empleada doméstica, ya que en mi antigua casa ya no había niños. Siñá estaba nerviosa.

- ¡Nada, vieja asquerosa! ¡Por descuido rompiste el jarrón que era de mi abuela!

- No fue ella, señorita - dijo Naná -. ¡Fui yo!

- ¡Tú! - exclamó la señora -. ¿Fuiste tú?

- ¡No fue ella, señora, fui yo! - dijo Nadiña. Admiraba más a mi madre negra. Se acusó a sí mismo para defender a su vieja amiga.

- Eres muy descuidada - dijo la señora -. Este jarrón era de mi abuela. Lo amaba mucho y ahora está destrozado por tu culpa. Si continúas siendo torpe, irás a la senzala.

- A la senzala no, señora, por piedad. No lo rompí porque quisiera - Nadiña empezó a llorar suavemente.

- ¡Es una inútil! Por ello recibirá cinco latigazos. Como estoy bien, el castigo será aquí mismo en el huerto. ¡Capataz! ¡Capataz!

Siñá se acercó a la ventana y le gritó al empleado que custodiaba la casa grande.

- Supervisor, dale cinco azotes sin piedad a Nadiña. ¡Ahora!

- ¡No! - Grité -. ¡No hagas esto, madre mía!

Aunque sabía que nadie allí me escucharía, grité. Me acerqué a Siñá, traté de envolverla en mis fluidos y luché por transmitirle mis pensamientos.

Mas tranquilo, hablé de mente a mente:

- ¡Mami, no castigues a Nadiña por un jarrón! Por un objeto que se rompió sin querer. Nadiña siempre fue fiel, dulce y cariñosa. Me cuidó mucho.

Siñá Decleciana fue a su habitación. Recibió mis pensamientos de manera incompleta. Se acordó de su hijo Augusto, pequeño, sano y hermoso. Me entristeció con sus recuerdos y se olvidó de Nadiña.

Nadiña salió llorando de la habitación, fue al huerto y esperó que el capataz cumpliera la orden, porque sabía que quien escapara del castigo sería castigado delante de la casa frente a la casa en el tronco.

- ¿Quieres quitarte la blusa, Nadiña? - Preguntó el capataz -. Lo siento, tengo que hacer esto. ¿Qué hiciste para recibir el castigo?

- Rompí un jarrón.

- ¿Solo esto?

- Puedes pegar, no me quitaré la blusa.

El capataz la golpeó. Me dolieron los latigazos, lloré. Pero pronto me recuperé. Me vino a la mente el consejo que recibí: "No debes interferir."

Sufrimos juntos.

La sangre pronto manchó la blusa de Nadiña. Naná y otra esclava vinieron a ayudarla. La llevaron al almacén.

- Quítate la blusa ahora, Nadiña - dijo Naná -. Si la sangre se seca, tu ropa se te pegará.

La acostaron y comenzaron a limpiar y aplicar hierbas medicinales en las heridas. Vi, asustado, que Nadiña tenía marcas de otros castigos.

- Naná - dijo mi ex ama - Agradezco que te hayas acusado, pero recibirías el castigo en mi lugar.

- Nada, somos amigas, eres tan bueno, tan dedicado a los señores, que el castigo fue muy injusto. Le gustas tanto que incluso me recuerda a mis Gusto. No estoy enojada con ellos, no los odio, pero tampoco los amo como tú.

- Yo tampoco entiendo por qué los amo tanto - dijo Nadiña, que lloraba suavemente.

- Ahora tenemos que volver al trabajo, de lo contrario nos sobrará - dijo el otro esclavo.

- Vayan ustedes dos, estoy bien.

Las dos esclavas volvieron a sus tareas. Me acerqué a Nadiña y quise quitarle el dolor, con pases intenté calmarla. Me alegró verla detenerse, llorar y dormir tranquilamente. Salí a la casa y no pude evitar exclamar:

- ¡Cómo puede hacer esto la señora Decleciana! Creo que mi tarea aquí no será fácil.

Poco después recibí la visita de Ângelo y traté de contarle rápidamente lo sucedido.

- ¡Vamos a verla! - Dijo mi amigo.

Nadiña seguía durmiendo. Ângelo amablemente le dio un pase y ella roncó.

- ¿Entonces fuiste castigada con un jarrón? - Preguntó mi amigo.

- Sí, lo fue – respondí.

- ¡Que así sea! Mírela bien y quiera ver quién era en el pasado.

Si los obsesores no lo encontraban, vendría en el cuerpo de una mujer porque él también pensaba que ella no debería tener alma. Tendría la mediumnidad como gracia para que con la negra vieja había sufrido mucho, no podía quedar embarazada y cuando era joven la trataban como a un hombre; es decir, tenía que trabajar como tal.

Fue castigada varias veces hasta que aprendió a obedecer. Con el tiempo aceptó su situación y mediumnidad, lo que le sirvió para ayudar y aprender. Entonces, como una esclava negra, este espíritu aprendió a hacer el bien, a ayudar a los demás, a ser humilde y a ver que todos somos hermanos. Sintió que no estaba allí en el cuarto de esclavos por casualidad y que había sido mala en otras existencias y, agradecidamente, ayudaba a todos con alegría. Y comenzó a exclamar siempre:

- ¡Qué bondadoso es Dios al darnos tantas oportunidades de regresar en otro cuerpo carnal y, con ello, reparar nuestras faltas, corregir nuestros errores! Como si tuviéramos una sola encarnación, si viviéramos, nosotros espíritus eternos, desnudos de tener un solo cuerpo, teniendo una sola personalidad. Comparar amos y esclavos y especialmente a Siñá Decleciana con la negra vieja, pensó: "¿El Padre Amoroso que es Dios diferenciaría tanto? ¿Sería injusto? No, a través de las reencarnaciones, él da oportunidad de vivir como amos y esclavos, ricos y pobres. Y dependerá de nosotros hacerlo aprovechar bien las oportunidades. Porque, como Lourenço y la negra vieja tuvieron la oportunidad de reencarnar como esclavos para reparar errores, pagar deudas, crecer espiritualmente. Pero, como otros, muchos esclavos no aprendieron la lección, incluso agravaron sus deudas, odiando, siendo o continuando siendo malos. Como José, perteneciente al primer grupo, que era malo.

- ¿Muchos aprenden?

- Por supuesto que no - respondió mi amigo -. El dolor también puede traer rebelión.

- ¿No viste esto en el cuarto de esclavos? Pero, en el caso de Nadiña, su resignación encierra la lección que tu necesitas. Pero ahora tengo que irme.

Ângelo volvió a su trabajo en el hospital. Al poco tiempo llegó un mensajero con la noticia que Esmeralda, mi hermana, vendría con su familia a pasar unos días en el ingenio. Siñá Decleciana se mostró feliz con la visita de su hija. Se habían tomado todas las medidas.

Esmeralda llegó a la hora prevista. ¡Ella era tan bella! En cuanto los vi comprendí que ella y su marido eran buenas personas, que irradiaban buenos fluidos. Eran cuatro niños pequeños. Todos muy hermosos. La casa se alegró.

Nadiña también estaba feliz de ver a su hermana pequeña. Discretamente se dirigió a la sala para ver a Esmeralda. Yo estaba en la habitación en el momento en que la señora Decleciana y Esmeralda tuvieron una conversación distraída sobre los niños. Los escuché. Esmeralda cuando vio a su antigua niñera, la saludó inmediatamente.

-¡Nadiña! ¿Cómo estás?

Golpeó ligeramente con su mano la espalda de su ex niñera, quien se estremeció de dolor.

- ¿Qué te pasó? ¿Está enfermo? ¿Hay algo en tu espalda?

Fue la señora quien respondió:

- Hubo algunos latigazos. ¡Se merecía el castigo! ¡Imagínate que rompió torpemente el jarrón que era de mi abuela!

- Mamá - Esmeralda estaba asombrada -, ¡¿ordenaste que castigaran a Nadiña solo por esto?!

-¡Yo lo hice!

Siñá Decleciana respondió enojada y Esmeralda prefirió guardar silencio. Nadiña salió de la habitación y mi hermana se acercó a la ventana. Me acerqué a ella, Esmeralda se indignó.

- ¡Haz algo por Nadiña, Esmeralda, hazlo! ¡Llévala contigo! - Le pedí a mi hermana.

Esmeralda se giró rápidamente y me alegró oírla decirle a su madre:

- ¡Mami, dame Nadiña!

- ¿Quieres a esta vieja inútil?

- Ella siempre nos amó tanto. Me gusta y confío en ella, quiero que cuide a las niñeras de mis hijos.

- ¡Por mi todo bien! Pero recibirá una sorpresa.

Esmeralda siguió a Nadiña. La encontró en la cocina.

- Nadiña, mamá te entregó a mí. Te llevaré a mi casa. Nunca más serás castigada. En mi casa tendrás la vejez que te mereces.

Esmeralda se fue y Nadiña se mostró aprensiva. Otra esclava dijo:

- Nadiña, bien por ti. Sabemos que la señorita Esmeralda es amable y su marido también.

- Pero voy a dejar esta casa donde viví durante tanto tiempo. Señora Decleciana que sufre por el pequeño Señorito Augusto. ¿Cómo vivir lejos de esta casa? - Le llenó los ojos de lágrimas. Me acerqué a ella y la abracé, traté de motivarla.

- ¡Nadiña, será lo mejor para ti! Si te quedas aquí terminarás en la senzala. Esmeralda es buena y le gustas.

Aquellos días que Esmeralda estaba en la casa grande eran felices, los niños alegraban la casa. Cuando llegó el momento de partir, Nadiña se despidió de todos con cariñosos abrazos.

- Nadiña - dijo Esmeralda -, siempre que venga aquí te traeré conmigo - Nadiña se fue, pero durante el tiempo que estuve de interno en el ingenio fui a visitarla y la encontré muy bien. Esmeralda y su esposo fueron dos grandes personas.

Y Nadiña fue tratada muy bien. Su trabajo consistía en vigilar a las niñeras. Los niños la querían mucho, escuchaban sus cuentos con atención y cariño.

Nadiña tenía una vejez pacífica. Y como Esmeralda había prometido que siempre que fuera al ingenio la llevaría. Nadiña estaba feliz de volver a ver a sus amigas. Siñá Decleciana nunca se molestó en preguntar como estaba ella.

Mi hermana Deolinda, después del trágico suceso en el que fallecí, lloró mucho y le contó a su padre otra historia. Dijo que el novio intentó abusar de su honor, algo serio para el momento. Cuando ella se negó, él intentó matarla. Hizo todo lo posible para convencer a su padre que el novio era malo, que lo odiaba y temía que terminara matándola por cualquier motivo. El coronel Honório amaba mucho a sus hijas. Al ver a Deolinda desesperada, envió un mensajero, uno de los capataces, a la casa del novio para informar que rompía el compromiso. El novio se sintió aliviado, no la quería, especialmente después de descubrir que ella amaba a otra persona. Entonces se rompió el compromiso.

Solo una niña, si hubiera estado comprometida, difícilmente encontraría otro pretendiente. Simón, el elegido de mi hermana, era hijo de un empresario del pueblo. Los dos rara vez se veían y cuando había una manera, a través de las compras que hacía en el ingenio, se correspondían. Y colocó la carta dentro de la lista de compras y cerró el sobre. Deoli no siempre preguntó y colocó la respuesta dentro de estos adornos.

Ya estaba en la finca cuando Simón se armó de valor y escribió al coronel pidiéndole la mano de Deolinda. Le mostró la carta a la señorita y comentó:

- En otros tiempos ordenaría que lo mataran, pero ahora no lo sé.

Siñá estaba muy descontenta por tener una hija soltera. Quería que todas se casaran bien, traté de ayudar a mi hermana, llevando a los señores de la gran casa y consiguiendo su opinión por Deolinda. Intentó parecer indiferente para que no sospecharan.

- Creo papá que deberías aceptarlo, parece una persona inteligente y es guapo.

- ¡Pero es pobre! - exclamó el coronel. Siñá debatió.

- Puedes ayudarlo, podría convertirse en un gran distribuidor.

Y me alegró escuchar:

-Voy a invitar a este Simón y a sus padres a almorzar a casa el domingo y voy a aceptar su pedido.

El domingo, Simón estaba allí con sus padres. Todo muy informal. El coronel aceptó el pedido, pero dijo que tenía que casarse pronto, dentro de dos meses. Todo estuvo bien, los visitantes se marcharon.

Deolinda estaba muy feliz. Su boda fue sencilla, hubo una fiesta para la familia y vecinos y otra para los esclavos. Todos estaban sonriendo. El coronel les compró una casa en el pueblo, le dio a Deolinda algunos esclavos para hacer las tareas del hogar y le prometió a Simón que le ayudaría a montar un almacén. De hecho, tiempo después Simón montó su negocio. Deolinda y Simón estaban muy felices.

Pero una vez que aprendí a ver en las personas lo que eran en una existencia anterior, para comprender mejor, vi algunas personas. Entre ellos se encuentran Lourenço y la negra vieja.

Lourenço era capitán de un barco de esclavos. Para ganar dinero más fácilmente, utilizó su barco para transportar negros de África a Brasil. Pero no estuvo mal como tantos otros. En su barco evitó abusos y maltratos a los esclavos. Sin embargo, esto pesó mucho en su conciencia, sintió mucho remordimiento y pidió reencarnarse en la piel de negro, para aprender a ser humilde. Por ser un espíritu inteligente, aunque no tuvo la oportunidad de educarse, demostró que tenía más conocimientos que los otros esclavos. Y, como me dijo Ângelo, Lourenço, además de redimir sus errores, hizo el bien, demostrando así que cuando queremos siempre tenemos la oportunidad de hacerlo. Utilizó el don de la mediumnidad, su sabiduría para aconsejar, calmar los espíritus acalorados y ayudar a todos los negros de la plantación.

La negra vieja era un hombre en su encarnación anterior y tenía rasgos masculinos en esta. Ella era alta y fuerte. Era un señor estudioso y tenía conocimientos de medicina.

Pero fue un gran defensor de la idea que los negros no tenían alma. Que era un ser creado por Dios para servir a los blancos, una raza superior. Desencarnó y fue perseguido por sus enemigos, por personas a las que ha perjudicado y que no lo habían perdonado. Como monseñor sentía verdadero horror por la gente que hablaba con los muertos. Sufrió durante un largo período de tiempo en el Umbral. Rescatado, los consejeros de la Colonia que lo acogieron decidieron que, por su aprendizaje, reencarnaría lejos de Europa a la cual amaba tanto y como esclavo. Para que los obsesores no lo encontraran, vendría en el cuerpo de una mujer porque él también pensaba que ellas no deberían tener alma. Tendría la mediumnidad como gracia para que como la negra vieja había sufrido mucho, no podía quedar embarazada y cuando era joven la trataban como a un hombre; es decir, tenía que trabajar como tal.

Fue castigada varias veces hasta que aprendió a obedecer. Con el tiempo aceptó su situación y mediumnidad, lo que le sirvió para ayudar y aprender. Entonces, como una esclava negra, este espíritu aprendió a hacer el bien, a ayudar a los demás, a ser humilde y a ver que todos somos hermanos. Sintió que no estaba allí en la senzala por casualidad y que había sido mala en otras existencias y, agradecidamente, ayudaba a todos con alegría. Y comenzó a exclamar siempre:

- "¡Qué bondadoso es Dios al darnos tantas oportunidades de regresar en otro cuerpo carnal y, con ello, reparar nuestras faltas, corregir nuestros errores! Como si tuviéramos una sola encarnación, si viviéramos una sola vez, nuestros espíritus son eternos, tengo un solo espíritu, teniendo una sola personalidad. Comparar amos y esclavos y especialmente Siñá Decleciana con la negra vieja, pensó: "¿El Padre Amoroso que es Dios diferenciaría tanto? ¿Sería injusto? No, a través de las reencarnaciones, él da oportunidad de vivir como amos y esclavos, ricos y pobres. Y dependerá de nosotros aprovechar bien las oportunidades. Porque, como Lourenço y la negra vieja, seguramente hay muchos otros que tuvieron la oportunidad de reencarnarse como esclavos para reparar errores, pagar deudas y crecer espiritualmente. Pero, como otros, muchos esclavos no aprendieron la lección, incluso agravaron sus deudas, odiando, siendo o continuando siendo malos. Como José, perteneciente al primer grupo, que era malo, pendenciero y vengativo; había sido un mal capataz en otra vida, y como esclavo permaneció rencoroso y orgulloso."

Medité mucho sobre la Ley de la Reencarnación. Un día le pregunté a Ângelo:

- ¿Por qué es tan importante la reencarnación que nos olvidamos de todo cuando volvemos a encarnar?

- El olvido nos prueba la bondad de Dios. Él, sabio, le da a otro la oportunidad de empezar, de nuevo, no podríamos hacerlo recordando el pasado. ¿Cómo amas a un familiar sabiendo que fue un enemigo en el pasado? Si reencarnamos juntos para la reconciliación, ¿cómo podemos enfrentar al ofensor o al ofendido? ¿Cómo vivir el presente vinculado al pasado? Estos recuerdos, recuerdos del pasado, son para pocos.

- ¿Por qué, siendo tan justa la Ley de la Reencarnación, Jesús no habló más claramente de ella?

- Quienes son capaces de comprender encuentran claras estas enseñanzas en las enseñanzas evangélicas. Entonces, Augusto, el pasado no importa, esto ya pasó, el futuro llegará y no debemos preocuparnos por ello. Lo importante es el presente, nos corresponde hacer, lograr, crecer espiritualmente, evolucionar en la encarnación actual. Con conocimiento de la Ley de la Reencarnación, no debemos dejar de hacer en el futuro lo que somos responsables de hacer ahora. Y quien quiera seguir las enseñanzas de Jesús intenta mejorar rápidamente.

Vi a María y Tiago deambulando por la hacienda. Tiago se perturbó por completo y María se reía amorosamente de él. Intenté hablar con ellos.

- María, ¿cómo estás? - Pregunté cortésmente.

- Sufriendo mucho. ¿Y tú? ¡Tu muerte fue injusta!

- Ninguna muerte es injusta. Si nacemos, también debemos saber que el cuerpo morirá.

- ¿Perdonaste?

- Sí. Tú también deberías perdonar.

- ¡No eso no! Los odiamos y pagarán caro lo que nos hicieron. Si insistes no vengas a hablar más con nosotros.

Tomó la mano de Tiago y me dejó. En la primera oportunidad hablé con Ângelo sobre ellos y le pregunté. Amigo:

- Ângelo, ¿no pudiste ayudarlos?

- No es fácil ayudar a quienes no quieren la ayuda que podemos brindar. A veces se nos pide algo que es imposible de cumplir. María lo que quiere en este momento es vengarse, por ella como sea ayuda en este sentido. Pero veámoslos.

Encontramos a la pareja debajo del árbol, la Paineira que llamaban embrujada. Ângelo llegó con su habitual sencillez y tranquilidad y le dijo a María:

- Permíteme darte un pase.

- Sí.

Ângelo extendió sus manos sobre ambos y luego oró en voz alta.

- Dios, Padre nuestro, ten piedad de los que sufren, haznos entender tu voluntad. Clarifícanos para que podamos comprender y aceptar el sufrimiento. Aquí estamos pidiendo por María y Tiago. Ilumínalos con Tus bendiciones.

Estaban en silencio. Después de la oración, Tiago mejoró; su perturbación y María y se sintió aliviada. Ángelo les dijo:

- ¿No quieres disfrutar de un tratamiento con el que puedas sentirte bien? ¿Ir a lugares donde van la mayoría de los desencarnados?

- Pero, ¿qué tenemos que hacer para tener esto? - Preguntó María con recelo.

- Perdonar, María, perdonar y renunciar a la venganza.

- ¡Sabía que no sería gratis! Nadie da nada gratis. Perdonar nunca

- ¿No es Tiago? No perdonaremos.

- No perdonaremos - repitió Tiago.

- O te vas o nos vamos – dijo María enfadada.

- ¡Que Dios los bendiga! - Lo deseaba de todo corazón, amigo. Salimos y los dejamos debajo del árbol.

- Es increíble, sufren y no aceptan perdonar - dije. Pero intentaré ayudarlos, tengo tiempo.

- Y puedes contar conmigo. Los visitaremos nuevamente. Quizás algún día acepten la comida que tenemos para ofrecerles.

Me sentí responsable del grupo familiar de los dueños de los tres ingenios. Perdieron la oportunidad de ser buenos, pero sabía que tendrían otras oportunidades que el infierno eterno no existe. Quizás incluso podrían reencarnar como esclavos en encarnaciones futuras para aprender a ser más benévolos. Siempre tenemos oportunidades para aprender a ser buenos a través del amor. Cuando nos negamos, el dolor viene a enseñarnos.

A veces no tiene éxito, porque para muchos provoca revuelta. Aun así él no se rinde y enseña, enseña, hasta que el espíritu se rinde y aprende.

Pero mi padre, el coronel Honório, me preocupaba mucho. Pensando que era joven, fuerte, quería tener más hijos, preferentemente hombres y su esposa, la señora Decleciana, no podía tener más hijos. Él planeaba matarla, convertirse en viudo y volver a casarse. Incluso estaba empezando a elegir otra esposa cercana. Pensó en matar a su mujer de dos maneras: o la asfixiaría con la almohada o atraparía una serpiente y la haría morderla. Me asusté. Intenté hablar con él, pero nada. No recibió ninguna intuición de mi parte.

Le di pases, y cuando se desprendió del cuerpo físico, por un momento estuvo como yo, solo conectado por un cordón al cuerpo. Le hablé con calma.

- ¡Padre mío, te lo ruego, abandona esta idea, no mates a tu esposa!

- ¿Quién eres tú?

- ¡Tu hijo, Augusto!

-¡Mientes! ¡Mientes!

Gritó y volvió a su cuerpo aterrorizado, y despertó gritando:
- "¡Miente!"

Siñá Decleciana se despertó asustada y pronto empezó a contarle la pesadilla.

- Decleciana, soñé con un negro que decía ser nuestro Augusto.

- ¡Esto es obra del diablo! Encenderé una vela para la Virgen. ¡Imagínate, nuestro Augusto negro!

Siñá Decleciana se levantó y encendió la vela del oratorio, hizo la señal de la cruz y regresó a su cama.

- ¿Mi marido está mejor?

- Estoy. ¡Qué sueño tan horrible!

Fue entonces cuando recordé que mantenía la apariencia negra que tanto aterrorizaba al orgulloso coronel. Decidí pedirle ayuda a Ângelo. Lo llamé a él y a este amigo tan pronto como le fue posible, vino a mi encuentro. Le conté lo que pasó.

- Ângelo, por favor ayúdame a prevenir este crimen.

- Estudiemos la situación.

Nos acercamos al coronel Honório que estaba en el balcón dando órdenes a un capataz. Ângelo lo examinó y pronto encontró una solución.

- Observa, Augusto, el estómago de tu padre. Compruébalo, quiero ver su interior - Lo intenté y vi, pero no entendí nada.

- El estómago de tu padre no está sano. Tiene una úlcera. Le haremos que la sienta. Quién sabe, tal vez el dolor le haga cambiar de opinión.

Ângelo fue a la cocina y mentalmente pidió a los cocineros que le prepararan comida fuerte, para provocarle irritación y una reacción de la enfermedad en su estómago.

Fue rápidamente servido. Ese día mi padre comió una comida picante y bebió jugo ácido. Ângelo también puso una sustancia en su comida. Se despidió recomendando:

- Augusto, no te preocupes si tiene una crisis, no será fatal. Confiemos en que nuestro intento dará resultados. Sin embargo, si realmente quiere hacer lo que planea, nadie podrá detenerlo. Esto lo hago, Augusto, por ti, para que intentes prevenir un delito.

Quizás el coronel se dé cuenta que no es tan joven, ni tan sano y Siñá Decleciana puede ser tan dedicada que le hará cambiar de opinión. Pude hacer esto porque la enfermedad ya existe y pronto se manifestaría.

El coronel empezó a sentirse mal por la noche, vomitó, sintió dolores. Y su devota esposa se quedó a su lado, dándole té y acariciándolo. La crisis duró muchos días, lo que le llevó a quedar postrado en cama. Al cabo de unos días, sintiéndose mejor, revisó el ingenio, mientras recorría una corta distancia a caballo, vomitó y se sintió mal. Siñá Decleciana estuvo llena de esmero y atención. Y fue con alivio que leí sus pensamientos.

- "No creo que sea el mismo de antes. Estoy enfermo y tal vez muera pronto. ¡Imagínese volver a casarme! ¿Cómo voy a criar a mis hijos, viejos y enfermos? Entonces, ¿dónde puedo encontrar una esposa tan dedicada y atenta? Creo que me gusta mucho Decleciana. No sabría vivir sin ella. Ahora, solo los nietos."

Mi padre, el coronel, mejoró después de la crisis, pero la enfermedad nos ayudó, se volvió más maleable.

Naná continuó trabajando duro y amaba a sus hijos.

A veces me recordaba con nostalgia, pero la certeza que estaba bien la calmaba. Vi su pasado, así que pude entender por qué ella estaba allí sirviendo en la casa grande como esclava.

Naná, en la encarnación anterior, nació en Francia, de una familia de clase media. Se casó por interés con un hombre rico, mayor que ella y feo. Pronto empezó a desperdiciar el dinero de su marido. Y éste, por casualidad, con su mujer gastando excesivamente y por malos negocios, se arruinó. Naná, que seguramente tenía otro nombre, su marido se fue y ella se convirtió en una prostituta de lujo. Tenía horror a la pobreza y al trabajo. Su marido murió de angustia, solo y abandonado. Ella tenía muchos hombres a sus pies y siempre trataba mal a sus siervos. Era exigente y orgullosa. Desencarnó, sufrió, reconoció sus errores. Se arrepintió y quiso reencarnar con una vida sencilla donde fuera sierva y pobre para que aprendiera a ser humilde y trabajadora. Entonces se hizo esclava y, para mi alegría, Naná aprendió a trabajar y a ser una esclava humilde. Dos factores importantes para el crecimiento del espíritu.

Aprendí a querer a Naná, pero eran los señores los que me preocupaban. Eran los únicos que, en mi opinión, necesitaban ayuda. Porque Naná cosechó de su mala plantación, pero también plantó el bien que le daría buenos frutos después. Los señores solo plantaron la mala semilla y la cosecha aun estaba por llegar.

- ¡Me alegro que tengamos otras oportunidades - decía siempre -, revitalizando nociones, rescatando, reparando errores y creciendo!

Cuando encarné como el Siñóziño Augusto, tenía miedo de mi tío Cândido. Tenía ataques, todo el cuerpo se contorsionaba, estaba nervioso y mezquino. Como me gustaba, solo lo vi desde lejos. Ahora nuevamente mi tío me llamó la atención. Un día, cuando estaba visitando la plantación de mi padre, el coronel Honório, vi dos obsesores con mi tío, antiguos esclavos. Intenté acercarme a ambos y ser amable con ellos. Me miraron, me examinaron, creyeron que era inofensivo y hasta me dieron la bienvenida.

- ¿Eres un ex esclavo? - Preguntó uno de ellos.

- Lo soy. ¿Estás aquí para vengarte? - Preguntó de nuevo.

- No, solo estoy observando.

- Si quieres algunos consejos para vengarte, solo habla con nosotros - dijo el otro que me miró sonriendo -. Siempre estaremos encantados de enseñarte cómo vengarte.

- ¿Ayudas a otras personas a vengarse? - Pregunté solo para mantener la conversación.

- Solo les enseñamos - respondió el que me habló primero -. No tenemos tiempo, nuestro trabajo nos absorbe las veinticuatro horas del día. El coronel Cândido nos ocupa todo el tiempo. Pero encontramos una manera de enseñar a los interesados cómo hacerlo, especialmente a nuestros hermanos de color que quieren vengarse de los blancos.

- ¿También enseñan a los blancos a vengarse de los negros?

- Claro que no, los negros siempre son las víctimas, ¿no crees? - Preguntó el más fuerte de ellos.

- Sí, eso creo – dije, sin querer cuestionarlo -. ¿Están ustedes dos aquí para vengarse?

- Sí, tenemos este placer - respondió el otro.

- ¿Realmente sientes placer? ¿Son felices?

Se quedaron callados un momento, temí haber sido indiscreto. Quería ganármelos, tenerlos como amigos. Pero uno de ellos respondió:

- No sé si soy feliz. ¡He sufrido tanto! Pero disfruto haciéndolo sufrir. Nos quedaremos con él hasta que nuestro odio termine.

- ¿Eres la causa de sus ataques? - Pregunté asustado.

- ¡Claro! ¿Qué piensas de nosotros? No somos tontos, somos activos y hemos aprendido a obsesionarlo.[7] ¿Crees que no somos capaces? ¡Quédate aquí y verás!

Llegaron cerca del tío Cândido, quien empezó a preocuparse. Uno de los obsesores era más bajo y delgado, el otro fuerte, de hombros anchos. El segundo tenía en sus manos un hilo, una línea gruesa y fuerte que pasó alrededor del cuello del coronel Cândido, lo apretó y tiró de ella.

---

[7] Usaron otro término, pero realmente estaban obsesionados y con el tiempo cayeron en el sometimiento. (N.A.E.)

El otro se quedó frente a él y lo miró directamente a los ojos. El tío Cândido empezó a luchar. Mi padre colocó una almohada debajo de su cabeza y trató de sujetarlo. El tío Cândido habló en voz baja en tono rencoroso, los encarnados no entendían, pero yo sí, aunque no lo escuchaba bien, entendía lo que decía como si estuviera leyendo sus pensamientos. Dijo con odio:

- "¡Negros sucios! ¡Mátalos! ¡Los odio! ¡Me las pagarán!"

También dijo muchas malas palabras. Entendí que la obsesión de esos dos sí era posible, porque los tres vibraban de la misma manera, con odio.

Los dos, después de algunos minutos de tortura, se alejaron del tío Cândido sonriendo satisfechos. Pronto mejoró, aunque sentía dolores en todo el cuerpo.

Se acostó y mi padre ordenó que le sirvieran un café muy fuerte, de una vez. Los dos hermanos no comentaron la crisis que habían sufrido y como si nada regresaron al tema empresarial. El tío Cândido no recordaba nada. Cuando tuve la oportunidad, le pregunté a Ângelo sobre lo que presencié. Me explicó que durante el ataque, el espíritu de mi tío vio a los dos enemigos ligeramente desconectados del cuerpo, que es casi el mismo proceso que cuando uno se desconecta del sueño. De vuelta a la normalidad no recordaba nada. Pero sentí un fuerte sentimiento que estaba siendo perseguido.[8]

Los dos se acercaron a mí nuevamente, orgullosos de su logro. Uno de ellos me acababa de decir:

- Entonces, ¿qué piensas? ¿Te gustó?

- ¡Estoy impresionado! - Ellos estaban felices.

- Soy Diogo - dijo el más bajo.

---

[8] No todas las personas que tienen ataques similares a este están obsesionadas. Cada caso es diferente. (N.A.E.)

- Yo soy Maufio - dijo el fuerte, golpeando el hilo en su mano. Seguramente Maufio era su apodo, pero no me atrevía a preguntar por su nombre. Diogo se volvió hacia mí:

- Y tú, ¿cuál es tu nombre?

- Augusto... Vayamos a la terraza y hablemos.

- Podemos ir. Sentémonos aquí para que pueda ver al maldito coronel.

Los dos hermanos estaban en el salón, la terraza estaba a unos pasos de distancia. Nos sentamos junto a la pared. Diogo se sentó frente a la ventana que permitía ver bien al coronel Cândido.

- Eres amable - dije tratando de complacerlos -. ¿Son de este ingenio?

- Cuando estábamos encarnados, vivíamos en la plantación del coronel Cândido, ahora estamos donde él está.

- Lo odian mucho, ¿no? ¿Que les hizo?

- Es una historia larga y triste - dijo Diogo.

- Por favor cuéntamela. Estoy curioso.

- Me gusta hablar del pasado. Esto me calienta la ira - dijo Maufio -. ¿De verdad quieres escucharla?

- Claro.

Maufio empezó a narrar, a veces Diogo interfería. Ambos habían sido esclavos de mi abuelo cuando el tío Cândido era soltero. Mi abuelo era considerado un amo razonable con los esclavos. Esta proporción razonable para los blancos era un amo que toleraba los excesos de los esclavos, para los negros, era un señor justo. Pero el tío Cândido fue fiestero desde muy joven, seducía a mujeres negras y era jugador. Era diferente de mi padre, que odiaba a las negras y nunca tenía contacto con ellas. Una vez mi tío, por orden de su padre, fue a vender un cargamento de azúcar y se llevó consigo a dos empleados y a los dos esclavos,

Diogo y Maufio. Todo fue normal en el camino hasta allí. Al vender la mercancía y recibir el dinero, el coronel Cândido ordenó a los dos empleados regresar a la fábrica para indicar al padre que todo había ido bien y se quedó con los dos esclavos. Los dos solo estaban atados para dormir, no pensaban en escaparse, tenían familias en la plantación y eran considerados esclavos buenos y obedientes.

El coronel Cândido pasó por un pueblo, un pueblo pintoresco, jugó a las cartas toda la tarde y perdió todo el dinero de la venta de la mercancía. Temía a su padre e hizo un plan.

Salió del pueblo con los esclavos y acampó para dormir. Pero no ató a los esclavos y hasta Diogo preguntó:

- Siñóziño, ¿no nos vas a atar?

- No, duerme tranquilo. Voy a dejarlos libres y si son inteligentes quizás incluso escapen.

Ambos rieron, pensando que el coronel estaba bromeando. Cândido permaneció despierto esperando que los dos escaparan, pero dormían profundamente, estaban cansados.

Entonces se levantó lentamente montó en su caballo, soltó a los otros dos animales, los que usaban los esclavos, y se fue con cuidado, dejándolos durmiendo. Fue rápido hacia el ingenio. A través de toda la noche y recién llegó a casa al mediodía. Estaba cansado y de inmediato fue a explicarle a su padre la historia que había inventado. Que los dos esclavos se escaparon aprovechando su descuido y le robaron todo su dinero.

Los dos esclavos, cuando despertaron por la mañana, no vieron al coronel, al principio pensaron que estaba cerca. Esperaron un rato, luego fueron a buscarlo y luego se dieron cuenta que faltaban los caballos. Ellos estaban asustados. Intercambiaron ideas con miedo. ¿Que podría haber pasado? ¿Alguien había robado al coronel y los caballos? ¿El Siñóziño habría ido a alguna parte lugar? Sin saber qué hacer, decidieron regresar a pie al molino. Pero el padre del coronel Cândido pronto reunió a sus hombres y al capitán de la selva de la región, quienes partieron en busca de los dos esclavos que pensaban que eran fugitivos y ladrones. Los encontraron por la noche y, sin entender lo que estaba pasando, los esclavos se vieron arrestados y conducidos a la plantación donde fueron atados al cepo.

Comenzaron las torturas, azotes, hierros bajo las uñas, los marcaron con un hierro candente, les arrancaron los dientes. Lo peor es que las familias de ambos tenían que mirar todo, desesperados. El sufrimiento fue enorme. Querían que confesaran dónde estaba el dinero. ¿Dónde lo escondieron, qué hicieron con él? Ambos no lo sabían.

Lo dijeron bajo juramento, pero no les creyeron. Su palabra no valía nada frente a la de un blanco.

Pero el coronel Cândido acabó siendo transformado, acto del que luego se arrepintió, acudió a su padre y le confesó el robo. Se acusó en presencia de su padre.

No soportó el llanto de la madre con lástima por los esclavos. Su padre no le dijo nada en ese momento, luego dio un sermón, por lo que Cândido se arrepintió. ¿Qué le importaban los esclavos sin alma? Ambos negros deberían estar felices de pagar por el error de un hombre blanco. Mi abuelo, después de la confesión de su hijo, ordenó que ambos fueran liberados inmediatamente y les ordenó que se hicieran cargo de ellos. El viejo coronel quedó conmovido por la situación de los dos esclavos, fue a visitarlos y les dio libertad a ellos y a sus familias, esposas e hijos, y también les dio una buena cantidad de dinero. Él les pidió perdón sinceramente y ambos lo perdonaron.

Fueron tratados con gran atención y cuidado, pero no sobrevivieron a las heridas y sin cuerpo, después de cierto tiempo, perturbados por la muerte física, los dos mejoraron con la ayuda de los buenos espíritus, pero rechazaron la ayuda ofrecida. Fueron a vagar por la Umbral.

Sus familias fueron al pueblo y compraron una casa. Trabajaron casi todos en un almacén y estaban bien. Maufio y Diogo dirigieron su atención a Cândido y sentían que lo odiaban como él odiaba a todos los negros. Querían vengarse de él, pero no sabían cómo. Luego fueron a ver espíritus malignos que los llevaron a un lugar donde les enseñaron a obsesionar. Este lugar finalmente se convirtió en la Escuela de los Vengadores. Después de enterarse, se acercaron al tío Cândido. Y, como dije, encontraron resonancia en su odio.

- Recuerdo como si fuera ayer el dolor, la humillación que pasé, puedo oler mi carne quemada, la sangre corriendo por mi cuerpo - concluyó Diogo.

Los abracé y los tres lloramos. Por segundos estuvimos unidos. Pero Maufio pronto se recuperó.

- ¡No lloremos! Somos hombres y no lloramos, nos vengamos...

- O perdonamos... - dije. Me miraron:

- ¿Qué dices? - Preguntó Maufio.

- Los grandes hombres perdonaron, Jesús...

- Jesús era blanco.

- ¿Estás seguro? Puede que fuera negro. Esto no le importó, dijo varias veces que todos éramos hermanos.

- Lo que fue Jesús no nos interesa - dijo Maufio -. La religión de Cristo es para los ricos y los blancos.

- Se equivocan, Dios es el Padre de todos. Sobrevivimos igualmente después que el cuerpo carnal ha muerto. Debes saber que muchas veces usamos un cuerpo carnal y tú debías haber sido blanco y rico alguna vez.

- ¡Pensé que eras uno de los nuestros! Ya veo que me equivoqué – dijo Diogo enojado -. No es necesario que vengas con sermones. Los vengadores nos instruyeron en esta charla, tú ya has encarnado, ha sido esto, aquello, etc. Lo que importa es el momento y para nosotros el regalo es la venganza. Y no intentes detenernos.

- Démosle una lección... - dijo con odio, Maufio -. ¿Dónde estás? ¿Desapareció? ¿Estás con miedo?

Tuve que cambiar mi vibración y por eso ya no me vieron.

Intenté ayudarlos, sentí pena por ellos, sufrieron tanto y perdieron el tiempo con la venganza, que se detuvieron en el camino. Si perdonaran podrían llegar a un mejor plano espiritual, ser felices y tener paz. Porque quien no perdona no conoce la paz. Ciertamente todo lo que sufrieron tuvo una explicación. Intenté ver su pasado y no pude. Ellos se cerraron y empezaron a evitarme; como insistí, se volvieron contra mí con odio.

En la primera oportunidad le pedí ayuda a Ângelo. Mi amigo intentó hablar con ellos, pero ni siquiera querían escucharlo.

- ¡No hablamos con los blancos! - Exclamó Diogo. Ângelo trajo un amigo, un espíritu amable y conocedor, que vivía en la Colonia. Se llamaba Vitor, era negro. Cuando Vítor llegó a la plantación del tío Cândido, los dos curiosos se le acercaron. Vitor habló animadamente con ellos, les dijo que era un esclavo, que sufría, pero bendecía el sufrimiento que lo despertó al bien.

Cuando dijo esto, ambos pensaron que era malo. Diogo preguntó:

- Entonces eres uno de los tontos, que sufrió, perdonó y viene a cambiar a los que no lo hicieron, piensa como tú. ¿Qué estás haciendo aquí? ¿Te llamamos? ¿Lo llamó el verdugo, el maldito coronel?

- ¡Ya está aquí!

- Ustedes dos son mis hermanos y en este momento necesitan una aclaración. Si me permiten los llevaré a visitar el lugar donde vivo. ¿No quieren ir?

- Por supuesto que no - respondió Maufio -. También sabemos de este ataque, de esta tontería. ¿Crees que somos tontos? Nuestros amigos nos instruyeron bien en cómo tratar con ustedes, los buenos. ¡Sal de aquí, por favor!

- Vete ahora – repitió Diogo.

Vitor se fue, nos encontramos en el patio y me dijo:

- Augusto, cuando la persona necesitada se niega a ser ayudada, se vuelve imposible brindarle ayuda. Si el obsesionado coronel Cândido pidió esta ayuda con fe e hizo solo méritos estaríamos libres de estos dos enemigos, tal vez podríamos llevarlos incluso sin querer. Pero, como puedes ver, a los tres los une el odio y este sentimiento tiene un nudo fuerte y no se deshace fácilmente. El tiempo aliviará el dolor y enseñará.

- Vitor, gracias por intentarlo. Siempre que sea posible intentaré alertarlos sobre el bien.

- Haz esto siempre con amor - dijo Vítor abrazándome y despidiéndose.

El coronel Cândido siempre estuvo seduciendo esclavas adolescentes. Tenía el ojo puesto en Marianita, una niña de trece años. La muchacha asustada sintió verdadero horror ante él.

A Marianita le gustaba un esclavo mayor que amaba a otra chica. Al coronel Cândido no le gustaba tener mujeres negras a la fuerza, tenían que ir a él queriendo. Pero, quisieran lo que quisieran, a veces eran castigados. Como le pasó a María Riaziña, que recibió veinte latigazos y fue atada al cepo. Pero el coronel ordenó los latigazos se dieron ligeramente para no marcarla.

Lloramos. Me advirtieron que no sería fácil estar allí, ver el sufrimiento, los errores y no poder interferir. Y aunque quisiera ayudar no podría, todos tenemos el libre albedrío, no había forma de interferir. Entonces oré cerca de ella, tratando de donar buenos fluidos. Marianita estaba atada con una larga cadena. Cuando las negras quedaron embarazadas del coronel Cândido, éste las hizo abortar dándoles infusiones de hierbas venenosas, y muchas murieron por este motivo. Pero las que no abortaban tenían hijos y, para él no había diferencia, todos eran esclavos.

Vimos una serpiente, Marianita y yo. Era venenosa y se acercaba lentamente al tronco. Mentalmente le pedí que se callara. Ella estaba callada y especialmente el animal se acercó, luego levantó la mano como si fuera a darle una palmada en la cabeza al animal. La serpiente la mordió. La niña ni siquiera pareció sentir el escozor, permaneció en silencio.

Es triste.

- ¿Por qué hiciste esto? ¿Por qué Marianita? - Pregunté. Leo tus pensamientos.

- ¿Gritar para qué? No me dejarían ir. No me creerían. Pensarían que estaba gritando para librarme del castigo. Creo que fue Dios quien envió esta serpiente para morderme. Dios también creó esta serpiente, todos los animales. Que se haga su voluntad. Como buen Padre, creo que Dios me quiere a su lado. ¡Sufro mucho aquí!

Suspiré aliviado. Temí que lo hubiera hecho a propósito. Pero Marianita tenía miedo y por instinto, por miedo, levantó la mano como si fuera a defenderse de la serpiente. Pronto Marianita empezó a agonizar, su resignación la hizo serena y tranquila. No pasó mucho tiempo antes que un equipo de tres rescatistas viniera a desconectarla, retirar el periespíritu del cuerpo moribundo. El proceso de desconexión no tomó mucho tiempo, se la llevaron dormida.

Un capataz, que estaba haciendo su ronda, vino a verla y, al percatarse que había fallecido, rápidamente fue a llamar al coronel. Esto vino después.

- ¡¿Quién la mató?! - Dijo el coronel enojado -. ¿Quién la azotó? ¿No pedí que los latigazos fueran suaves?

- ¡Coronel, fue una serpiente! Mira el lunar en su mano izquierda.

- ¡Maldita serpiente! ¡Entrega el cuerpo a la familia para que lo entierren!

Diogo y Maufio estuvieron con el coronel como siempre y les grité, preguntándoles:

- ¿Dónde estás tú que no puedes intervenir en este mal? ¿Por qué no intentan convertirlo en un mejor amo para los esclavos?,

- ¿Crees que este coronel peste hace lo que le ordenamos? Tiene una personalidad fuerte. Pero podremos dominarlo. Después, cuantas más cosas malas haga, tendremos más fácil lograr nuestros objetivos. ¿Crees que quedará impune por esta muerte?

El coronel regresó a la casa grande y los dos lo siguieron. Visité a Marianita lo antes posible, ella estaba muy feliz en la Colonia, lo perdonó y pronto iría a estudiar como era su deseo.

Los dos, Diogo y Maufio, estaban enojados conmigo, no querían escucharme más. Si me acercaba, corrían hacia el tío Cândido y lo hacían tener una de sus crisis. Así, ya no me hice visible ante ellos, oré mucho por ambos. Sentí pena por ellos. Eligieron el peor camino, el de la venganza, lo que les hizo parar, herir y ser heridos; hacían sufrir a la gente, pero sufrían juntos y estaban unidos por el odio hacia la persona que era la causa de tanto dolor.

- "¡Ah, si pudieran entender que nadie merece tanto odio! ¡Que el amor es paz y armonía y nos lleva a ser más felices!" Pensé, viéndolos desde lejos.

Belinda, mi prima, hija del tío Cândido, empezó a salir en secreto con un vendedor ambulante. Un hombre mucho mayor que ella.

Los hijos del tío Cândido eran considerados gente extraña en los alrededores. Matías, el mayor, vivía encerrado en la biblioteca entre libros, no le interesaba nada. Amaba mucho a su madre, la tía Magdalena. Nunca salió ni tuvo mujeres. Se mostraba indiferente a los negocios, su padre tampoco permitió su intervención.

El tío Cândido estaba esperando que cumpliera treinta años para casarlo

Belinda era delgada, tenía la boca grande y dientes pequeños, era tímida y soñadora. A los hermanos no les agradaba su padre, pero le temían mucho.

Me preocupaba la relación de Belinda. Justino, el vendedor ambulante, vendía sus mercancías en el pueblo y acosaba a Belinda con notas, cartas apasionadas y ella fue a su encuentro cerca del pueblo en una casa abandonada.

Intenté ver quién era Justino, descubrí que en realidad se llamaba Manuel y era el novio de la tía Magdalena en su juventud. Los dos estaban enamorados, pero ella estaba prometida al tío Cândido y acabó casándose; tenía miedo de fugarse con su novio. Manuel era hijo de uno de los empleados del padre de la tía Magdalena. Con la boda de la amada, se desesperó y se fue de allí jurando vengarse. En una ciudad más grande consiguió dinero, compró muchos bienes y los vendió por todo el campo. Ahora estaba allí con planes de venganza.

Intenté advertir a Belinda. Incluso le hice soñar conmigo y le pedí que tuviera cuidado. Nada ayudó, Belinda estaba enamorada, terminó entregándose a él y quedando embarazada.

Justino, o mejor dicho, Manuel, creyéndose vengado, se fue, dejando a mi prima desesperada. Temía que Belinda se suicidara. Me quedé a su lado, hice todo para que se quitara esta idea de su cabeza. La tía Magdalena notó el estado de su hija y le preguntó. Le di valor a Belinda para hablar, ella le contó todo a su mamá.

- Que tristeza hija mía, yo te ayudaré, estaré a tu lado.

- ¿Te enfrentarás a mi padre?

- Por ti sí. No te desesperes, sé cómo tratar con él. Confía en mí - Belinda se calmó y esa noche durmió tranquilamente. La tía Magdalena le contó al tío Cândido, pero cambió lo sucedido:

- Cândido, mi marido - dijo -, ¿recuerdas aquel día que enviaste a Belinda al pueblo a buscar tu medicina?

Mi tío respondió de mal humor como siempre:

- ¡Por supuesto que lo recuerdo! Me criticaste por enviarla sola.

- Bueno, ese día violaron a nuestra niña.

- ¡¿Qué?! ¿Quién se atrevió? ¿Quién fue el sinvergüenza?

- El buhonero Justino que estaba en el pueblo - Mi tío dijo innumerables malas palabras.

- Pero lo peor... - dijo la tía Magdalena llorando.

- ¡¿Hay cosas peores?!

-¡Ella está embarazada!

- ¡Qué desgracia...!

Tuvo un ataque de ira, maldijo, gritó, golpeó paredes y muebles.

Una vez superado su enfado, encontró una solución.

- No quiero verla hasta que nazca el niño. Belinda quedará encerrada en la habitación y no podrá salir; para todos diremos que fue a pasar un tiempo con sus tíos. Ellos viven lejos y nadie lo sabrá. Solo tú y una esclava que elegirás la verán. Esta esclava no debe decir nada, de lo contrario morirá. Belinda podrá tener al niño y lo haré desaparecer. Ahora ve y cuéntale a Belinda lo que te dije. Belinda se sintió aliviada.

- ¿Y mi hijo? ¿Mi padre lo matará?

- No creo. Tenemos tiempo hasta que nazca el niño. Hasta entonces, encontraremos una solución.

Belinda, para mi alegría, renunció al suicidio. Pero el coronel Cândido no dejó ahí la afrenta. Llamó a dos de sus pistoleros, hombres malos y violentos, y dio la orden:

- Ve tras Justino, el buhonero, mátalo y tráeme pruebas, recibirás una buena paga por esto.

El precio acordado fue alto y ambos salieron felices de obedecer la orden. Días después, los *yagunzos* regresaron con el dedo y la oreja de Justino. El vendedor ambulante fue asesinado, estaba perturbado, pero permaneció vinculado en espíritu a sus asesinos.

Fue con los dos al ingenio, entonces Diogo y Maufio lo ayudaron, le contaron lo que había pasado y él estaba allí para vengarse de los dos asesinos y del coronel al que odiaba desde hacía mucho tiempo.

Belinda en su momento tuvo una hija y el tío Cândido se la entregó a uno de sus empleados para que la criara, pues la esposa de este empleado tuvo un hijo ese mismo día y para todos en la plantación esta mujer tuvo gemelos.

En secreto, Belinda fue a ver a la niña que era hermosa. Pero cuando la niña cumplió ocho meses, hubo una fiebre en el ingenio que mató a muchas personas, incluidos esos dos niños. Belinda estaba muy triste.

El ingenio del tío Cândido estaba sucio, los esclavos vivían en la pobreza, entonces hubo tantas muertes por gripe que en aquella época se le llamó con otro nombre. El coronel Cândido, incluso contra su voluntad, tuvo que mejorar la vida de todos, la vivienda, la alimentación, por miedo a nuevas muertes y más pérdidas.

Y en cuanto a Belinda, su padre decidió que se quedara soltera, no quería casar una hija que no fuera virgen. Mi prima renunció. Ella fue prometida a un joven que estudió en Europa. Ni siquiera lo conocía, pero quería casarse para liberarse de su padre. El coronel Cândido, tan pronto como supo del embarazo de su hija, hizo el compromiso con el padre del novio. La familia del pretendiente se sintió aliviada, no les agradaba la familia del coronel y no querían que una chica tan fea y extraña fuera la esposa de su hijo dotado y estudioso.

Al ingenio llegó un grupo de cinco personas desencarnadas, tres hombres y dos mujeres que habían ido a estudiar con los malos del Umbral para aprender a obsesionar. Ahora sintiéndose en forma, regresaron para vengarse. Diogo y Maufio estaban felices y recibieron a sus nuevos amigos con una fiesta. Me quedé cerca del grupo sin que me vieran.

Cada uno tenía una triste historia para justificar el odio que sentían. Por mí, por nosotros los cristianos.

Bueno, no hay nada que justifique la venganza. Pero para aquellos que se vengan, hay una excusa con la que intentan tapar su error, porque no perdonar, no vengarse, es un error. Una de las mujeres, ex esclava de mi tío, sufrió mucho en la plantación, pero el dolor fue mayor que lo que le había hecho a su hija adolescente, la sedujo, luego cuando ella quedó embarazada le provocó un aborto espontáneo y ella falleció. Esta mujer nunca vio a su hija y ni siquiera sabía de ella. Todo su odio estaba dirigido al coronel. Otro murió en el cepo solo porque robó pan de la cocina de la casa grande. Todos se quejaron, aumentando el odio. Con refuerzo, Diogo y Maufio empezaron a dominar cada vez más al tío Cândido.

Siempre estuve en la plantación del tío Cândido. Todavía me gustaban la tía Magdalena y Bel. Intenté, dentro de mis posibilidades, ayudar a todos y lo poco que hice me dio alegrías y agradecí por ello.

Un día, en la plantación de mi padre, vi una mujer desencarnada, una dama distinguida, blanca y muy hermosa. Me acerqué tímidamente y la saludé.

- ¡Buenas tardes señora!

- ¡Buenas tardes niño! - Ella me miró y sonrió. Yo pregunté:

- ¿Estás caminando por aquí?

- Visito a mi familia.

- ¿Parientes? - Pregunté sorprendido -. ¿Como te llamas?

- Helena.

-¡Tía Helena!

Me miró bien, examinándome.

- ¿Me llamaste tía? Parece que te conozco, te siento familiar, pero no puedo saber quién eres.

- Antes de vestir mi cuerpo negro, yo era blanco, Augusto, el hijo mayor del coronel Honório.

-Mi sobrino Augusto, ¡qué gusto! - Me abrazó cariñosamente.

- ¿Qué estás haciendo aquí?

- Es una larga historia.

- Cuéntame por favor.

Le narré todo y terminé diciendo el motivo que me hizo quedarme allí.

- ¡Eres valiente! Es bueno saber que alguien está tratando de ayudar a mis hermanos.

- Tú, tía, me pareces diferente.

Tía Helena estaba espiritualmente bien, armoniosa y equilibrada. Después de unos minutos de silencio, tía Helena dijo:

- Desde pequeña no he tenido nada que ver con mi familia, me tildaban de bicho raro, temían que estuviera desequilibrada.

- Por ser bueno.

- Tal vez.

Ella sonrió humildemente. Ella lo podía entender bien, era buena y humana, no era aceptada por la familia donde todos, egoístamente, pensaban diferente. Pero cambié el rumbo de la conversación.

- Tía, ¿dónde vives ahora?

- En la Colonia Armonía, está ubicada en el plano espiritual del lugar donde desencarnas.

Trabajo con niños en el Educandário desde hace algún tiempo. Realmente amo lo que hago. Amo a los niños.

- ¿No tuviste hijos?

- Encarnada no los tuve, pero ahora tengo muchos, todos los niños del Educandário son mis hijos por amor.

- ¿Vienes aquí a menudo?

- No, rara vez los visito. He estado orando mucho por todos, no me siento capaz, como tú, de intentar ayudarlos. Los amo y me preocupo por ellos, pero no sé cómo ayudarlos.

La tía Helena tuvo tiempo de irse. Pero prometió regresar y cuando lo hizo fue una fuente de alegría para mí. Hablamos mucho. Un día me contó su historia:

- Soy la menor de la familia, desde pequeña tuve desmayos. Ahora, desencarnada, sé que era una médium sonámbula. En estos desmayos dije lo que la gente presente pensaba, sus secretos, daba mensajes de los muertos; es decir, de los desencarnados. Me despertaba y no recordaba casi nada, después de estos días siempre tenía dolor de cabeza. Vi muchos espíritus, que decían que eran almas perdidas, los escuché y tuve mucho miedo. Principalmente porque decían que esas crisis eran obra del diablo. Me llevaron con sacerdotes, incluso con un obispo, pero nada mejoró. Por hablar inoportunamente con familiares y visitas, recibí muchos castigos y mi padre me golpeó. Todos me tenían miedo. Después que mi abuelo Anselmo falleció, yo tenía diez años, la abuela Adélia vino a vivir con nosotros, eran mis abuelos maternos. Solo la abuela Adélia me entendió y empezó a entenderme después que le di mensajes del abuelo, su difunto marido. El abuelo Anselmo me aconsejó que evitara decir nada extraño a la gente. Y eso, cuando sentía que me iba a desmayar, corría a la habitación. Empecé a hacer esto y así evité castigos y palizas.

Todos los que me rodeaban sabían de mis desmayos, todos pensaban que estaba enferma.

Tenía entre diecisiete y dieciocho años y nadie en la zona se atrevía a pedir mi mano para casarme.

- Mis padres habían hecho un viaje a Europa el año anterior, donde conocieron a un hombre y se hicieron grandes amigos. Y ese año, en noviembre, recibimos en casa la visita de este hombre que vivía en el sudeste de Brasil, era agricultor y cafetalero. Vino a quedarse unos días con nosotros con su hijo León, el Tetrarca, un joven apuesto y cautivador que estaba interesado en mí. El tetrarca, como lo llamaban, tenía casi treinta años, era soltero y hacía todo lo posible para ser agradable y era instruido, educado. Nuestros padres aprobaron la elección. Mi padre quería que me casara y pensó que, con un joven venido de lejos que no conocía mi problema, todo sería más fácil. La visita se prolongó y el Tetrarca me pidió que me casara con él. No sabía si lo amaba, me sentía atraída por él, nunca nadie me había prestado tanta atención y acepté sin pensarlo mucho.

La boda estaba prevista para pronto y al cabo de quince días ya estaba casada. Salimos al poco tiempo mi suegro, Tetrarca y yo con los empleados, una pequeña patrulla que nos protegía de posibles ladrones y esclavos fugitivos. Me entristeció dejar el ingenio, me despedí de todos con el corazón apesadumbrado, especialmente de mi madre que estaba enferma y de la abuela Adélia que me comprendió y me quiso.

- El viaje fue agotador y largo, paramos en pueblos y ciudades, incluso pasamos la noche al aire libre. Mi marido siempre fue amable, pero había algo en él que me daba miedo: ojos cínicos y fríos.

- El Tetrarca vivía, antes de casarse, solo, en una finca grande y hermosa. Mi suegro vivía cerca, en otra finca, y era viudo. Mi marido tenía cuatro hermanos, todos eran prósperos en la región. Eran grandes propiedades y no estaban cerca el uno del otro. Tetrarca tenía un cuñado, Basilio, con quien tenía un desacuerdo desde hacía algún tiempo y no hablaba, nunca lo conocí ni a él ni a la hermana casada del Tetrarca.

La otra hermana era soltera y vivía con una tía en la ciudad, cerca de la finca. Ella siempre venía a visitarnos y nosotros a ellos. Se llamaba Adelaide y era aburrida y entrometida. Cuando vino a nuestra casa, hizo suposiciones y fue irónica.

Mi nuevo hogar me encantó. La casa era grande, cómoda y con hermosos muebles. Había muchos esclavos en la granja, eran tratados de manera diferente que en la plantación de mi padre. Allí los trataban muy bien, vivían en casitas con sus familias, estaban bien alimentados, vestían buena ropa, estaban sanos y felices; trabajaban bien. Al menos, no hubo fugas ni castigos. Para mi asombro, Tetrarca me explicó:

- La gente feliz trabaja más y mejor. No me gustan los castigos. Soy machista, no acepto amarrar a uno y poner a otro a golpear. Esclavo que me da problemas, lo vendo.

Y, como ves, estos pobres diablos se conforman con poco, les gusta estar aquí, es muy difícil tener problemas con ellos.

- Pronto me hice amiga de dos esclavas, dos negras de a Casa grande. Madre Benta, que tenía cincuenta años y que había sido niñera de Tetrarca, era el ama de casa de la casa, y Nara, una joven que se convirtió en mi doncella. Me gustaban y yo les gustaba.

Solo después de tres años regresé a la finca de mi padre, mi madre y mi abuela Delia habían fallecido y mi padre enfermo quería verme. Tetrarca me llevó porque mi padre quería darme mi parte de la herencia. El ingenio ya no era el mismo, todo me parecía diferente, solo estuvimos unos días. Mi padre le dio al Tetrarca mi herencia en dinero, dividió las tierras con los otros hijos, Honório, Cândido y Teodora. Tan pronto como llegué al ingenio, tuve una visión. Vi a mi padre muerto, me di cuenta que pronto iba a desencarnar. Me despedí de él con un gran abrazo. Pero me preocupaba lo que decía mi hermano Cândido:

- Helena, ten cuidado con tu marido, sé que no es una flor para oler.

En la granja todo me parecía normal. Pero Tetrarca quería tener hijos y se impacientó porque yo no quedaba embarazada. Me llevó a médicos, curanderos, bebí té, tras tés. Todo lo que me dijeron o me recomendaron, lo hice y comencé a desesperarme por no quedar embarazada.

Seguí teniendo desmayos, pero con menos frecuencia, cuando sentí que iba a tenerlos corría a mi habitación. Benta y Nara acudieron en mi ayuda y, según lo solicitado, guardaban el secreto.

Estas dos amigas nunca comentaron. Leí algunos pensamientos, conocí algunos eventos, pero no dije nada.

- Desde adolescente tuve dos sueños que se repetían constantemente. Eran pesadillas que me hacían despertar asustada y a veces gritando. Mi suerte fue tener al Tetrarca.

Tenía el sueño pesado, lo desperté un par de veces y no le prestó atención a este hecho.

- En uno de mis sueños, me vi en un bosque, en una noche de tormenta, escondida detrás de un árbol esperando a alguien. Me vi como un hombre, sentí que había sido un hombre. Entonces una persona pasaba corriendo, era a él a quien estaba esperando, no lo odié, pero sabía que tenía que matarlo. Lo ataqué con un cuchillo dejándolo sangrar. Se ensució la sangre en mis manos que no se quitaba, gritaba de terror y siempre despertaba desesperada.

- En el otro sueño me vi como una mujer de treinta años, vestida a la usanza antigua. Viajé en un carruaje alquilado, me bajé en un lugar extraño, entré en una casa lejana y una señora me dijo:

- ¿Usted de nuevo? Es la tercera vez este año. ¿No tendrá sentido? Si tu padre se entera, morirá de vergüenza.

- No vi lo que estaba pasando en esa casa, pero sentí que me iban a hacer un aborto. Entonces salí de la casa sintiéndome débil y con dolor. Me fui a mi casa, yo era pobre y mi padre me estaba esperando. Estaba enfermo, postrado en cama y nos amaba mucho. Luego me sentí mal, me enfermé, deliré y desencarné. A veces me despertaba cuando estaba desencarnada, otras veces escuché una voz que me decía:

- ¡Perdiste el derecho a ser madre! ¡Hasta que no tengas la capacidad para esta sublime misión, no tendrás hijos!

Realmente no entendía estos sueños, pero sentía que eran pedazos de mi vida. Nunca había oído hablar de la reencarnación, para mí solo vivimos una vez en la Tierra. Pero pensé bastante si esos sueños no tuvieran que ver con mi vida, con no poder tener hijos y con mi miedo aterrador a las tormentas.

Un día, escuchando la conversación de unas mujeres negras, supe que Tetrarca tenía un tío cuya esposa no le había dado hijos y la mató. Tenía tanto miedo que incluso le pregunté si era verdad. Tetrarca no me respondió, sonrió con su manera cínica. Nunca amé a Tetrarca, le temía, aunque siempre me trató muy bien.

Una vez que viajó, viajó mucho, dejándome en la finca como siempre. Hubo una tormenta horrible, casi me muero del miedo. Luego, cuando pasó, miré por la ventana y vio los daños que la tormenta causó a la finca. Derribó las casas de los esclavos y de algunos empleados, y derribó árboles y vallas.

- Siñá Helena - dijo Madre Benta -, tienes que dar órdenes. La tormenta causó daños y Celso, el capataz, no sabe qué hacer ante este suceso.

- ¿Dar órdenes? Tengo miedo - respondí asustado -. No sé qué debo hacer.

- Haz lo que creas que es justo. La señora tiene que dar órdenes. La granja no puede permanecer así hasta que regrese el amo. Viene Celso. Dé las órdenes, señora.

- Las daré por miedo.

- Celso paren todo trabajo que no sea imprescindible y todos repararán el daño. Reparen las casas con el material que compró mi marido para hacer el nuevo almacén. Reconstruye las vallas y deja que las familias sin hogar vengan a pasar la noche en el sótano de la casa grande. ¿Alguien resultó herido? ¿Les pasó algo a los animales?

- Solo un negro se cayó mientras corría bajo la lluvia y se rompió el pie. Algunos animales murieron, estaban debajo de un árbol donde cayó un rayo.

- Que Dita cuide al chico.

- Sí, señora.

- Dita era una curandera, una mujer negra que cuidaba a los enfermos en la granja. Pronto mis órdenes se cumplieron. Y cuando llegó Tetrarca, todo estaba arreglado. Le temía, no sabía cuál sería su reacción. pero mi marido, amable como siempre, dijo suavemente.

- Entonces, Helena, ¿se fueron los materiales para mi nuevo cobertizo?

- Lo siento, es solo que no sabía qué hacer.

- Hiciste lo correcto, la esposa de un coronel tiene que saber dar órdenes.

- Di un suspiro de alivio.

Mi suegro murió. Poco después del funeral, Tetrarca me trajo a casa y fue a una reunión con sus hermanos para dividir la fortuna de su padre. Estaba preocupada, pensé.

Iba a tener uno de mis desmayos, así que me fui a mi habitación. No me desmayé, pero vi un espíritu vestido al estilo europeo, sentí mucho miedo y no podía salir del lugar.

Él me dijo:

- Tu marido se está preparando para matar a alguien.

Desapareció, tenía frío del dolor. Tardé un rato en calmarme. Tetrarca regresó a casa por la tarde, estaba nervioso y se fue a dormir temprano. Al día siguiente amaneció emocionado como siempre. Por la noche dijo que saldría y que no iba a hablar de esto con nadie y, si alguien me preguntaba, debía responde que no salió esa noche. Tetrarca solo portaba armas y salía con pistoleros. Esa noche se fue con solo dos hombres.

Regresó temprano en la mañana y durmió tranquilo. Temprano en la mañana vinieron a decirle que su cuñado Basilio había muerto de un disparo en una emboscada.

Me enteré por Adelaida, la hermana soltera de mi marido, que los dos, Tetrarca y Basilio, se pelearon en la reunión de reparto de propiedades, la esposa de Basilio, mi cuñada, vendió la finca y se fue a vivir con sus suegros. Tetrarca no fue al funeral, no vio a su hermana y no quiso tener nada que ver con ella ni con sus sobrinos.

El Tetrarca quería hijos, repetía que tenía que tenerlos, que ya había pasado su mejor momento y quería herederos. Pero yo no quedaba embarazada.

Ese domingo nos levantamos temprano para ir al pueblo y a misa. Me puse mi vestido azul, muy bonito. Al llegar al pueblo, el carruaje se detuvo cerca de la plaza. Nos bajamos y hablamos con algunos amigos y luego caminamos hacia la iglesia. Tres hombres aparecieron frente a nosotros. Vi a uno de ellos con un puñal en la mano y sentí que Tetrarca tiraba de mí y la daga se clavaba en mi pecho.

- ¡Merece morir! - Exclamó un hombre. Lo vi bien y sentí odio en sus ojos.

Fue un dolor insoportable, me caí y escuché voces.

- ¡Helena está herida!

- ¡Ayuda!

¡Atrapen al asesino!

Vi que algunas personas se acercaban, luego todo se oscureció, dejé de ver y oír, el dolor disminuyó y me dormí.

Me desperté preparada, estaba en una habitación con mucha gente, tenía sed, pero no dije nada. Pronto vino a verme una chica muy simpática.

- ¡Buen día! ¿Cómo está Helena?

- Muy bien, gracias. ¿Dónde estoy?

- En una sala de hospital. ¿Desea alguna cosa?

- Tengo sed.

- Mi nombre es Lúcia. Te traeré agua - Lúcia llegó poco después, con un vaso de agua.

- ¡Qué agua tan rica! Gracias - exclamé después de beber toda el agua. Lúcia se alejó y miré a una señora que estaba en la cama a mi lado. Ella me sonrió y me dijo:

- Te levantaste de buen humor, eso es bueno. Soy Durvalina. ¿Por qué viniste aquí?

- Me lastimé, mi familia y mi marido debieron haberme traído. Nunca había ido a un hospital. ¿Dónde está esto?

- No sé. Pero es bueno y no les cobran nada a sus pacientes.

- ¡¿Qué?! ¿Hospital de la Caridad?

- No puedo pagar. Soy pobre, muy pobre. Vivía con un hijo que apenas puede mantener a sus hijos.

Me preocupé y le pregunté a Lúcia y ella me dijo que aquí no se pagaba nada. Y este hospital es bueno. Imagínate, por una infección hace diez años me cortaron el pie y mira, lo tengo de nuevo.

¡Es verdad! Mira la marca. Estaba justo aquí a la altura del tobillo. Puedo mover el pie y ya no me duele.

- ¡Eso es imposible! - Exclamé asombrada.

- Dijiste que estabas herida. ¿Dónde está tu herida? - Preguntó Durvalina.

Me miré, estaba vestida con un camisón blanco, que no era mío, pensé que era del hospital. Lo abrí y no encontré nada, ni siquiera una marca.

- ¡Dios mío! - Exclamé.

- ¿No te lo dije? Aquí son fantásticos - Durvalina se calmó y comencé a pensar:

- ¿Estoy soñando? ¿Estoy loca? Empecé a llorar - Cuando Lúcia me vio llorar, se acercó:

- Helena, ¿por qué lloras? ¿Qué pasó? ¿Sientes algo?

- Lúcia, ¿estoy loca? ¿Es esto un sanatorio para enfermos mentales?

- No, querida, este no es un hospital para enfermos mentales y tú no estás loca.

- ¿Qué pasa entonces? Recuerdo bien que me hirieron, un hombre me hirió con un puñal. Pero no tengo ninguna herida y Durvalina me dijo que su pie está de vuelta. Lúcia me abrazó cariñosamente y dijo:

- ¡Cálmate, Helena, cálmate! ¿Recuerdas lo que te pasó después que resultaste herida?

- Lo recordé. Después que me lastimé, me caí y perdí el conocimiento, me encontré al lado de mi cuerpo. Un hombre se acercó y me consoló. Entonces este hombre me recogió como si fuera una niña y volamos.

Estos recuerdos me dejaron aun más confundida. Lúcia intentó iluminarme.

- Cuando desencarnamos, casi siempre traemos con nosotros las deficiencias y enfermedades que son los reflejos de nuestro cuerpo físico. Pero, cuando mereces ayuda inmediatamente después de la muerte, es mucho más fácil curar o deshacerte de estos reflejos. A las personas enfermas solo en lo físico; espiritualmente están sanos. Otros, debido a enfermedades y discapacidades, han recuperado su karma negativo y pronto también se encuentran bien. Como en el caso de Durvalina quien encarnó, sufrió sin quejarse, saldó su deuda, agotó su karma negativo, fue ayudada, se volvió saludable. Accidentes con muerte súbita – como el caso de Helena -, en ocasiones no curan la herida; esto sucede mucho en el plano espiritual. En la gente buena ni siquiera hay una marca. Pero puede suceder que el espíritu desencarnado piense fuertemente en la herida y la preservará, requiriendo tratamiento. Los espíritus que vagan casi siempre tienen deficiencias y la mayoría tienen heridas. Muchos; sin embargo, cuando desencarnan violentamente, ya sea por accidente o por asesinato, se desconectan del cadáver, deambulan sin sus heridas, porque no tienen conocimiento de lo que les pasó. Al encontrarse sanos, permanecen como estaban antes de la desencarnación.[9]

---

[9] Concluimos que cuando desencarnamos los reflejos del cuerpo, que son enfermedades, deficiencias y necesidades. Los encarnados pueden educarse para la desencarnación, siendo conscientes que pueden

- Tu cuerpo murió a causa de la herida que recibiste.

- ¿Me estás diciendo que morí? ¿Y ahora qué? ¿Me voy al purgatorio?

- No, te quedarás aquí hasta que estés bien. Te gustará aquí.

- Dijiste que morí, pero tenía sed y bebí agua.

- El término correcto es desencarnación - continuó iluminándome Lúcia -. Tu espíritu eterno, dejaste el cadáver y ahora vives en el plano espiritual. Aquí tenemos una copia perfecta del cuerpo carnal, este cuerpo que ahora viste el periespíritu es otra vestidura del espíritu. Tenemos los reflejos del cuerpo carnal y solo después de aprender a vivir aquí y con este cuerpo donde dejaremos atrás nuestros reflejos y nos alimentaremos de otra manera. Entonces tuviste sed y bebiste agua. Pero el agua aquí no es la misma que bebías cuando estabas encarnada. Es más ligera, se adapta a tu periespíritu; es decir, está fabricado del mismo material.

- No quería morir - Lloré fuerte.

Lúcia me consoló y me dormí. Me desperté y me acordé de todo. Me quedé quieta en la cama. Miré por la ventana y vi que estaba lloviendo. Tenía miedo, podía ser tormenta. Llamé a Lúcia.

- Lúcia, está lloviendo. ¿Llueve aquí?

- Sí, aquí la lluvia lo lava todo, moja las plantas.

- ¿Hay tormentas? - Pregunté aprensivamente.

- Aquí no hay tormentas, solo llueve suavemente.

- Bueno... ¿Hay otros lugares en la espiritualidad además de éste? ¿Dónde estoy?

---

superar este período de adaptación y que vivirán después con el periespíritu. Teniendo esta comprensión, pueden deshacerse fácilmente de los reflejos del cuerpo carnal. (N.A.E.)

- Sí, el plano espiritual es grande, tiene Colonias, Puestos de Socorro, el Umbral, un lugar donde se ubican temporalmente los espíritus que no pueden o no quieren ayuda.

- ¿Sufren allí?

- La mayoría sufre, otros disfrutan viviendo allí.

- ¿Es ahí donde va la gente mala cuando muere?

- Sí.

- ¿Hay tormentas allí? - Quise saber.

- Las hay, como en la Tierra. En el Umbral, las tormentas purifican el aire, la atmósfera terrestre, de miasmas nocivos generados por mentes desarmonizadas, ya sean encarnadas o desencarnadas.

Los encarnados suelen decir que antes de la tormenta el aire es pesado y sofocante, después de la lluvia el aire es ligero y refrescante, está en calma. Las Colonias no necesitan de tormentas, solo de lluvia benéfica que ni falta ni sobra. En el Umbral, los espíritus administradores de nuestro plano fluyen por las nubes, haciendo las lluvias un beneficio, sustentando las corrientes de agua y la escasa vegetación. Allí en el Umbra, como en la Tierra, puede haber escasez o exceso de lluvia.

- Le agradecí las explicaciones y miré sin miedo la lluvia, caía gota a gota con hilos plateados.

- Helena, ¿no quieres leer? - Lúcia me ofreció un libro.

- Gracias Sí.

Era un ejemplar del libro *El Evangelio según el Espiritismo*, de Allan Kardec [10]. Lo leí con gusto, la lectura me consoló. Las

---

[10] Allan Kardec: fue el seudónimo adoptado por el ilustre profesor Léon Denizard Rivail, quien cumplió la tarea de presentar libros organizados de manera metódica, didáctica y lógica, comentando y explicando las enseñanzas de la Doctrina Espírita. (Nota del editor)

enseñanzas de Jesús son hermosas y siempre aprendemos nuevas lecciones al leerlas.

- Helena, visita para ti - dijo Lúcia -. Reconocí inmediatamente al hombre que estaba a su lado.

-¡Abuelo Anselmo! - dije alegremente.

Mi abuelo me abrazó. Sus visitas eran muy reconfortantes. Hablé mucho con él durante el tiempo que estuve hospitalizada. El abuelo me explicó todo, que estaba en una Colonia, lugar donde va la gente buena cuando muere. Que, por ser tierno, el cuerpo carnal había muerto y vivía en otra parte. Llegué a saber que fue él quien me ayudó cuando fallecí.

Pronto mejoré y pude visitar todo el hospital y descansar en sus jardines. Me quedé encantada con las bellezas de la Colonia. Durvalina fue trasladada, dada de alta del hospital y se fue a vivir con su familia.

Un día el abuelo me preguntó:

- Helena, cuéntame de tu vida encarnada.

Le conté todo, terminando en la desencarnación. Se me ocurrió que me habían asesinado.

- Abuelo, ¿fue Tetrarca quien ordenó que me mataran?

- No, Helena, no fue él. Detuvieron al asesino y bajo tortura confesó que había venido a asesinar a Tetrarca a instancias del padre de Basilio, cuñado de su marido, quien fue asesinado.

- Tetrarca jaló de ti, por eso te hirieron. ¡La puñalada era para él!

- Es cierto. Tetrarca jaló de mí y lo protegí.

Por un momento me entristeció la cobardía de Tetrarca. Quería saber todos los detalles.

- "Abuelo, ¿qué pasó después?

- Su asesino murió ahorcado. Está deambulando por el Umbral[11] y es responsable de muchos crímenes. Tetrarca lo dejó así. Mató a Basilio y a su padre que ordenó que lo matara y moriste tú. Estaban empatados. ¿Estás enojada con tu asesino?

- No, lo perdoné de corazón. Rezaré por él. Espero que se arrepienta y se mejore.

- Helena, fue porque perdonaste de corazón que pude traerte aquí. Si no hubieras perdonado, habrías atravesado el Umbral con tu asesino o hasta tu antiguo hogar.

- Me gusta aquí, abuelo.

- Esta es tu casa ahora. Si te acostumbras pronto, mejor será para ti.

- Tetrarca no sintió mi desencarnación. Siento que solo la Madre Benta y Nara lo sintieron, han estado orando por mí.

- Sentimos las oraciones cuando son sinceras. Madre Benta y Nara eran dos amigas. En cuanto a Tetrarca, es incapaz de amar a nadie.

- Abuelo, ¿dónde están la abuela Adélia, mi madre y mi padre?

- Todos están reencarnados. Aquí no tenemos una cantidad fija de tiempo que perder. Algunos permanecen muchos años, otros menos. Depende de las necesidades de cada persona.

- Mirándote me siento muy unida a ti.

- Helena, me contaste de los sueños que tuviste cuando estuviste encarnada, los cuales siempre se repetían. ¿Recordamos los detalles?

Con la ayuda del abuelo, los recordé. En una encarnación pasada, fui un hombre que mató a traición a un joven por dinero en

---

[11] Umbral: ambiente oscuro e infeliz creado por la fuerza del pensamiento de miles de criaturas desajustadas. (N. A. E.)

una noche de tormenta. Volviendo nuevamente a la carne, yo era una niña que cuidaba a su padre enfermo. Me enamoré de un hombre y cuando quedé embarazada me dijo que estaba casado. Me llevó con una mujer y pagó por el aborto. Me separé de él, pero vinieron otros y cuatro veces más aborté. La última vez tuve una infección y fallecí. Cuando los recuerdos terminaron, el abuelo me explicó:

- Fuiste médium en esta encarnación, tu espíritu recordó tu pasado a través de sueños. Dejo claro que no todos los sueños repetidos son recuerdos del pasado.

Para saber esto se debe realizar un análisis serio, porque los sueños pueden tener innumerables explicaciones.

- Soy una asesina. Maté a un joven por dinero, después del crimen me mudé de ciudad, pero nunca tuve paz y desde entonces le tengo miedo a las tormentas.

- Estos recuerdos son raros. Recordaste las partes que más te marcaron. Dios nos hace olvidar el pasado para que podamos vivir mejor el presente en armonía y para que cumplamos nuestra tarea encarnados.

- Abuelo, ciertamente porque aborté, en esta encarnación no tuve hijos. ¿Fue una experiencia de aprendizaje la que tuve?

- Ciertamente, querías tenerlos y no los tuviste. Aprendiste a valorar la maternidad.

- ¿Morí después de ser asesinado porque fui un asesino?

- Le quitaste la vida física a un joven lleno de vida. Tuvo la reacción porque eligió ese camino antes de encarnar en Helena, porque no se había perdonado a sí misma. Hiciste la mala acción y tuviste la reacción.[12]

---

[12] Aclaro que nada sigue un orden general en el plano espiritual. Hay muchas acciones que conducen a las mismas reacciones. (N.A.E.)

Sin embargo, puedes evitar una mala reacción perdonándote a ti misma, cambiándote para mejor, haciendo el bien, creciendo y evolucionando.

- ¿Me ha perdonado el chico que asesiné?

- Mira con atención - preguntó el abuelo.

- ¡Dios mío! - Exclamé. Vi en mi abuelo al joven que había asesinado.

- En esa encarnación era joven, rico y estaba comprometido con una hermosa muchacha. Un rival allí le pagó para que me matara. Pero ya nos hemos reconciliado. Mírame de nuevo.

- Tú eras mi padre, cuando fallecí a causa de un aborto.

- En esta encarnación éramos padre e hija y tú eras muy querida para mí. Fue muy bueno para mí. Trabajaste duro para apoyarme. Cuando falleciste, me dolió mucho. Fui a vivir con un hijo, fui maltratado, después de tres años fallecí. Decidí venir a Brasil y vivir aquí. Viniste detrás de mí y tenerte como nieta fue gratificante para mí.

- Me has perdonado...

- Te perdoné y te quiero mucho.

- Solo te hice sufrir. Incluso en esta encarnación tenía miedo de verte cuando intentabas ayudarme. Pero todos decían que lo que veía era el diablo.

- En el futuro esto se explicará y se entenderá como algo normal. El intercambio entre encarnados y desencarnados será más fácil.

- Esto será bueno para los médiums.

- Será muy bueno. También comprenderán que los 'demonios', los espíritus malignos, también son nuestros hermanos y que necesitan ayuda.

La conversación con mi abuelo fue muy esclarecedora. Él me ayudó mucho. Pronto salí del hospital y me fui a vivir con él a una hermosa casa en el ala residencial de la Colonia. He aprendido a vivir como desencarnada. Pedí trabajar con Lúcia en el hospital y me aceptaron, estuve allí seis meses y aprendí mucho. Pero el Educandário, los niños fueron y son mi pasión. Estudié, aprendí a lidiar con ellos y me puse a trabajar en Educación. Estoy muy feliz con los niños. Me llaman cariñosamente tía Helena.

Mi tía guardó silencio. Me encantó su narrativa. No pude evitar preguntar.

- ¿Tía Helena y Tetrarca? ¿Qué fue de él?

- Me preocupó el Tetrarca. Cuando tuve permiso, el abuelo me llevó a verlo. Habían pasado algunos meses desde mi muerte. Mi ex casa estuvo conmigo para siempre, veré a mamá otra vez.

Benta y Nara fueron agradables. Encontré a Tetrarca sentado en la sala, pensando. El abuelo me ayudó a leer sus pensamientos. Estaba indeciso con quién se casaría, María del Carmen o con una amiga de Adelaida.

- ¡María del Carmen! - Le dije de mente a mente. Me alegré cuando vi a Tetrarca levantarse de su silla y decir:

- Resuelto. Voy a pedir la mano de María del Carmen.

- Helena, ¿por qué hiciste esto? - Preguntó mi abuelo.

- Conozco a María del Carmen, es una buena chica y sigue estando soltera. No conozco a la otra, pero siendo amiga de Adelaide no puede ser buena. Abuelo, ¿hice mal? ¿Lo influí?

- Tetrarca es libre de decidir por sí mismo. Le dio una opinión. Aprende ahora que no debemos dar una opinión sin estar seguros que es la correcta y que es para el bien de la gente.

- Tetrarca se casó con María del Carmen y viven bien. Tiene hijos como quería. Siempre es amable, buen dueño de esclavos, pero hace matar a sus enemigos. Rezo mucho por él, espero que se arrepienta de sus errores. Siempre lo visito, ya que también vengo a ver a mis hermanos.

- Eres valiente, tía. Me gustas - dije con sinceridad.

-Y yo de ti.

Me abrazó, me sentí conmovido. Qué bueno, pensé, que al menos uno de la familia esté bien. Es bueno sentirse amado y ese es el sentimiento que tuve en ese abrazo, amado de forma pura, sin egoísmo. Estaba orgulloso de la tía Helena.

Emília, mi hermana, se casó muy joven, a los dieciséis años, con un hombre mayor que ella, Macedo. No era malo, pero estaba lleno de peculiaridades, autoritario y trató a Emília como a un objeto.

Emília se vio obligada a casarse. El coronel Honório arregló el matrimonio y ella conoció a Macedo el día de su compromiso. A mi hermana no le gustó nada, pero, sin iniciativa, obedeció a su padre y se casó.

Cuando vine a quedarme con la familia por un tiempo en un intento de ayudarlos, inmediatamente fui a verla. Y lo que vi me preocupó mucho. Emília no toleró a su marido, pensó que era repugnante y feo. Macedo, por su parte, no se preocupaba por su mujer e iba mucho al pueblo donde tenía amantes. Este hecho no desagradó a Emília, que incluso se sintió aliviada.

En la hacienda de Macedo había un empleado, Osmar, rubio, de ojos azules, un hombre de confianza de Macedo, un buen empleado. Custodiaba la casa grande principalmente cuando Macedo no estaba. Estaba casado y tenía un hijo, vivía cerca de la casa grande.

Emília tuvo un par de hijos, los quería mucho y era una buena madre.

A mamá no le importaban sus empleados ni sus esclavos. Heredó de mi madre Decleciana el orgullo y el egoísmo y los sirvientes y esclavos debían servirle, y punto. Sin embargo, no se quejó de ellos ni ordenó que fueran castigados. Macedo trataba a los esclavos con autoridad, pero no estuvo mal.

Osmar; sin embargo, llamó su atención; era diferente a los demás, era educado, sabía leer y escribir, leyó muchos libros, era educado y agradable. Al principio hablaron solo asuntos triviales. Emília tenía miedo y en ausencia de su marido un sirviente vigilaba el porche de la mansión toda la noche.

Y Osmar empezó esta guardia la hacía siempre por orden de Macedo, porque confiaba mucho en él.

Después que los niños se acostaban, Emília tenía la costumbre de salir al balcón. Cuando estaba su marido iba con ella, en su ausencia iba sola. Empezó a hablar mucho con Osmar continuó cada vez más estas conversaciones y terminó enamorándose. E hizo todo lo posible para conquistarlo. Osmar se resistió, le tenía miedo a su jefe, le agradaba su esposa que ella era buena y talentosa, no quería traicionarla ni lastimarla. Pero no pudo resistir el encanto de Emília acabó cediendo y los dos se convirtieron en amantes.

Nadie sospechaba. Macedo estaba mucho fuera y cuando se iba solo regresaba al día siguiente, cuando estuvo varios días fuera de casa. Como fue el trabajo de Osmar, el aire protege la casa por la noche, todo se hizo más fácil. Los dos amantes conversaban en el balcón; luego ella se retiraba y al amanecer él iba a su cuarto. Osmar también sintió una fuerte atracción por Emília. Durante más de un año se encontraron. Fue en esta época que Emília se sintió feliz.

Preocupada por el desenlace de aquel romance y también queriendo devolver a mi hermana a la realidad, hacerle entender que estaba equivocada, lo intenté todo para separarlos,

Le conté muchas cosas cuando estaba sola.

- Emília, no hagas esto, eres adúltera, cometes errores, tienes un marido al que le prometiste fidelidad, tienes hijos que merecen tu atención. Cada error tiene su consecuencia, su reacción. Sepárate de Osmar.

Emília recibió mis pensamientos, pero no le gustaron y no les prestó atención. No pude hacerla cambiar de opinión.

Emília quedó embarazada, estaba segura que el niño era de Osmar. Pero Macedo, sin sospecharlo, se regocijó con la llegada de un nuevo hijo.

Embarazada de cuatro meses, Emília sintió curiosidad por conocer mejor a la esposa de Osmar y fue a su casa cuando él no estaba, con el pretexto de dar un paseo.

María, la esposa de Osmar, la trató bien, le ofreció agua, lo que Emília aceptó.

Emília sintió unos celos atroces, la esposa de Osmar era mucho más joven que ella, muy hermosa, dulce y educada. A través de la conversación, ella demostró conocimiento de su relación con su esposo.

Emília regresó inquieta del paseo, leí en sus pensamientos los celos que sentía.

- La esposa de Osmar es hermosa, ella debe saberlo, ya no la quiero cerca de él. Pensaré en una manera de mantenerla alejada.

Y eso fue lo que empezó a hacer, pensó en una manera de deshacerse de su rival y también de su marido. De esa manera ambos serían libres de ser felices. Simplemente no sabía cómo hacerlo. Decidió ir a pasar unos días a casa de su padre y hablar con él, intentando sacarle algunas ideas a su padre, sin que este se diera cuenta.

Hice todo lo posible para que Emília se quitara esa idea de la cabeza. No pude, mi hermana estaba decidida a matarlos a ambos para ser feliz con Osmar.

Viajó al ingenio. Allí habló mucho con su padre y desvió la conversación hacia su interés. El coronel Honório, sin darse cuenta, empezó a hablar de cómo eliminar a una persona.

- El veneno se puede dar en bebidas o en alimentos, si la persona está en nuestra convivencia. También podemos poner una serpiente para que muerda a esta persona, o la puedes asfixiar con la almohada. Sin embargo, lo más fácil es contratar a un *yagunço*, un asesino, para eliminar a esta persona.

Emília quedó satisfecha. Seguía pensando en la conversación que tuvo con su padre. El veneno no fue fácil de conseguir, pero pudo conseguirlo, dárselo a Macedo fue fácil. Pero los venenos no solían ser tan eficientes y por allí todo el mundo lo sabía reconocer fácilmente una muerte por envenenamiento. Si ella envenenaba a Macedo, pronto se darían cuenta que fue envenenado. y asesinado. Tenía miedo que desconfiaran de ella. Serpiente, ¿cómo atrapar una? ¿Cómo conseguir que muerda sin correr el riesgo que le piquen o a sus hijos? Contratar a un asesino fue más difícil. Como mujer y estando embarazada, ¿cómo puedes perseguir a un hombre así? Tenía que confiarle esto a alguien y no sabía a quién. Asfixiarlo, ¿tendrías fuerzas?

Después no podría contar con Osmar, no aceptaría participar en un asesinato, ni siquiera sabría de sus planes.

- Bueno, concluyó, puedo drogarlo. Darle una pastilla para dormir y luego lo mataré por asfixia.

Ella decidió, primero mataría a su marido, luego, como dueña de todo, encontraría a alguien que matara a la esposa de Osmar, nadie lo sabría y ella sería feliz.

Pasaron los días y Emília, emocionada, regresó a casa. Estas visitas le hicieron bien.

Bienvenidos a la plantación, el coronel Honório y Siñá Decleciana estaban felices con la visita de sus hijas y nietos.

Pero a Emília le esperaba una sorpresa en su casa.

Intentó de todo para sacar las ideas macabras de la cabeza de mi hermana y no pude, lo intenté con Osmar. Éste fue más sensible y temeroso de la relación con mi hermana, me escuchó y le dije: "Osmar, ¿por qué engañas a tu dedicada y honesta esposa? ¿Por qué la haces sufrir? ¿No prometiste hacerla feliz"

Recibió mis palabras como pensamientos y respondió mentalmente. "No, mi esposa no se merece esto. Ella sufre y teme por mí."

- Por supuesto que tiene miedo – proseguí -. Si Macedo se entera, te matará a ti, a ella y a tu hijo inocente. Sabes que lo torturará, es capaz de matar a tu hijo lentamente solo para verlo sufrir."

- Dios mío, ¿y si el señor Macedo se entera?

- Osmar, sabes que no le resulta difícil descubrirlo. Aquí en la finca hay muchos espías. Tu familia no se merece esto.

- Dios mío, ayúdame. ¿Qué debo hacer?

Su llamamiento fue sincero y siempre que esto sucede, los buenos espíritus que quieren ayudar se sienten más cómodos para responder, como yo en ese momento. Luego, con su sincero llamamiento, se hizo más fácil recibir consejo.

- Sal de aquí con tu familia. ¡Vete! - Osmar llegó a su casa y le contó a su esposa.

- María, ¿quieres irte de aquí? Podemos ir al sur, ir con tu hermana.

- Osmar, tengo muchas ganas de salir de aquí antes que pase algo malo. Yo me llevo muy bien con mi cuñado. Empezaremos una nueva vida lejos de esta mujer venenosa. Muy lejos, tu hermana vive lejos de aquí - dijo Osmar.

- Mejor, así nadie nos descubrirá.

- Voy a hablar con el señor Macedo. Si nos deja, nos iremos.

Intenté de nuevo interferir. Intuí a Macedo, llevándolo a liberar a Osmar. "¡Déjalo ir! ¡Déjalo ir!" - Repetí muchas veces. Osmar le dijo a su jefe que se quería ir y para mi alivio Macedo le dijo:

- Lamento perder a un buen empleado. Pero no te retendré. Esto es lo que te debo. Puedes irte cuando quieras.

- Gracias, señor.

Osmar aceptó el pago y rápidamente regresó a casa. Pensó que era mejor irse en ausencia de Emília, así evitaría tener que despedirse de ella. Conociéndola supo que ella no lo dejaría ir. Le dio pena dejarla, más aun sabiendo que el niño que esperaba era suyo. Pero, sin que todos lo supieran, ella no tendría ningún problema. El Siñóziño estaba feliz con otro niño. María, al enterarse que podía marcharse inmediatamente, intentó organizar la mudanza. Temprano al día siguiente cargaron un carro y se fueron.

Cuando Emília llegó a casa, habían pasado tres días desde que Osmar se había ido. El primer día no lo notó, pero el segundo día, al no verlo, le preguntó a su marido:

- Macedo, ¿dónde está Osmar? Necesito que me haga un servicio.

- Envía a otro empleado, Emília. Osmar se fue - La noticia la sorprendió y luchó y trató de ser natural.

- ¿Por qué lo despediste?

- Yo no despedí a Osmar - dijo Macedo -, él quería irse al Sur con su familia.

- ¿Por qué?

- ¿Pues por qué? ¡No lo sé! No interfiero en la vida de los empleados.

Emília se sintió mareada y rápidamente salió de la habitación para sentarse en el balcón.

Le tomó un tiempo recuperarse. Luego fue a la cocina, se hizo pasar por supervisor y preguntó a la negra que trabajaba allí, tratando de permanecer indiferente.

- Osmar y su familia se fueron. ¿Sabes por qué?

- María, al despedirse, dijo que a su hermana le fue bien en el Sur y los invitó. Aceptaron y se fueron.

Emília fue a la habitación. Lloró de ira y dolor. Había perdido a Osmar.

- Tal vez, pensó, tenía miedo de mi marido. O amaba a su esposa, esa tonta de María, y decidió huir con ella. Y yo estaba esperando un hijo suyo."

Después de llorar mucho tiempo, pensó:

- Si le digo a Macedo, irá tras él y lo matará. Eso sería correcto."

- ¿Y tú? - Le grité -. ¿Y tú? ¿Cómo te tratarán? ¿Qué te hará Macedo?

- Y a mí. Macedo me matará o me encerrará en el sótano - gimió volviendo a la realidad -. Nadie se preocupará por mí, ni siquiera mi familia. Debo permanecer en silencio.

Emília sabía que, en aquella época, un marido traicionado podía matar a su mujer y la familia no solía intervenir. La consolé lo mejor que pude, ella no me hizo mucho caso.

En otras palabras, no estaba de acuerdo conmigo ni con mis ideas. Emília sufría, los días eran lentos y angustiosos. Ella decidió no matar más a su marido, como viuda su vida sería mucho peor. Al menos él le dio seguridad y la apoyó, después de eso ella no entendía nada de los negocios de su marido.

Nació el bebé, un niño rubio y de ojos azules. Emília tenía miedo. Pero Macedo, al ver al niño, exclamó:

- ¡Cómo se parece este niño a mi madre! Claro como ella, ojos como los de ella. ¡Mira, Emília, qué hermoso niño! Que feliz estoy que se parezca a mí madre que murió hace tantos años - Emília suspiró aliviada.

Mi hermana se puso amargada y triste. Su hijo, por supuesto, no le traía buenos recuerdos y no le agradaba. Sin embargo, Macedo realmente lo deseaba.

Como Macedo sintió mi presencia, aunque me escuchaba incompletamente y no siempre hacía lo que le sugería, comencé a dedicarle más tiempo y tratar de hacerlo más delicado con su esposa. Poco a poco Macedo empezó a ser más educado, a tratar mejor a Emília, a darle regalos. Emília aceptó con indiferencia el cambio de su marido. Una vez, Macedo se rompió una pierna al caer de un caballo y comenzó a cojear. Le dolía mucho la pierna. Entonces empezó a quedarse más en casa.

Emília pensó en tener otros amantes, pero ninguno de sus conocidos le agradaba, así que desistió. Siempre amó a Osmar, vivió de los recuerdos de sus encuentros con él. Osmar fue al Sur trabajó en una granja y tuvo éxito. Siempre recordó a Emília, a veces con remordimiento por haberse ido, a veces con la certeza que era lo correcto. Pero no vivió mucho, tres años después de su partida, Osmar falleció debido a una caída de un caballo. Fue rescatado inmediatamente, aceptó su muerte y se encontraba bien. La esposa se volvió a casar.

Osmar empezó a venir siempre a visitar a Emília y su hijo. Intentó ayudarla, pero ella era difícil, se encerraba en sí misma y no recibía ninguna buena interferencia.

Al no querer vivir, se sintió sola y abandonada. Dejó que la enfermedad se estableciera y la dominara. Ella todavía estaba encarnada, un año y medio después de Osmar la desconecté del cadáver, pero no pude ayudarla. Estuvo deambulando por muchos años y Osmar siempre estuvo presente. Hasta que se arrepintió sinceramente de sus errores y por no aceptar la bendición de esa existencia donde pudo haber sido una buena jefa, una buena ama de esclavos, hecho el bien, tenido resignación y aceptado lo que la vida le ofrecía. Después del rescate, Emília y Osmar permanecieron juntos y se prepararon para reencarnar y esta vez estar juntos.

Macedo nunca volvió a casarse, vivió para sus hijos.

Aprendí una lección de la historia de Emília. Mi hermana teniendo todas las cosas, no tuvo el amor que anhelaba, se volvió infeliz por lo que no tenía y no valoraba mucho que tenía. Tenía mucho y se apegó a querer lo que no tenía. ¡Qué necesario es valorar lo que tenemos! ¡Qué bueno es amar lo que tenemos, aunque sea poco! Porque si amamos lo que tenemos, no hay lugar para lamentar lo que no temenos.

La otra hermana del coronel Honório era la tía Teodora. Su ingenio era más pequeño, pero estaba bien cuidado. Allí los esclavos eran bien tratados, pero aun quedaban muchos castigos. Los cuartos de esclavos eran grandes, espaciosos y bien ventilados. Los esclavos vestían mejores ropas y estaban bien alimentados. El ingenio y todo lo que poseía lo heredó de mi abuelo, padre de la tía Teodora. Por lo que yo sabía, desde pequeña era muy traviesa y luego se arregló su matrimonio; el tío Josías era hijo de un amigo de mi abuelo, pero era pobre.

La tía Teodora era un ser humano terrible. Ella era voluble, inútil y maliciosa. Siempre estuvo muy ordenada y arreglada. Ella no amaba a nadie más que a sí misma. Tuvo amantes negros, los jóvenes, fuertes y hermosos esclavos de la plantación. Por mucho que lo ocultó, todos allí lo sabían, pero por respeto hablaban en susurros. Los hijos lo sabían, estaban avergonzados de su madre. Hasta el tío Josías lo sabía, pero fingía ignorarlo, no la amaba, todo lo toleraba pacíficamente.

El tío Josías era una persona extraña, se casó porque su padre lo obligó y también por interés. Al principio del matrimonio hizo todo lo posible para que funcionara.

Interesado en el ingenio organizó todo para obtener ganancias. Trató bien a su esposa. En los primeros días de su matrimonio, la tía Teodora se portó bien. Tuvieron tres hijos, entonces no queriendo tenerlos más, cada vez que pensaba que estaba embarazada tomaba una sustancia abortiva, que era un té con una mezcla de muchas hierbas que provocaba el aborto.

Este té no siempre dio los resultados esperados. Cuando eso no funcionó, recurrió a una mujer negra en la que confiaba para que le hiciera un aborto. Esta chica negra, Jumira, era considerada bruja, vivía en una casa como la de los sirvientes y no trabajaba. Los comentarios que escuché de ella en el ingenio no fueron buenos. Al visitarla vi que los malos espíritus eran sus compañeros. Con ella estaba un grupo de espíritus oscuros. Jumira sabía mucho sobre hierbas, pero solo usaba sus conocimientos para hacer cosas malas, pero para la Siñá Teodora, hizo lo que quiso.

Cuando llegué a la finca de la tía Teodora, ella estaba hablando con su marido.

- Querido Josías, ¿tardarás mucho en este viaje?

- Lo habitual, de tres a cuatro meses.

- Mucho tiempo - respondió la tía.

- Incluso parece que quieres verme aquí - Se calmaron, me acerqué al tío José, que estaba pensando distraído:

- "Me gusta alejarme del ingenio, aquí todo el mundo parece reírse de mí, soy un hombre traicionado. No sé por qué no puedo actuar."

Mientras tanto, pensaba tía Teodora con inquietud.

- "Tan pronto como Josías se vaya, enviaré llamar a João. ¡Como João está allí! Debo ir a la casa de Jumira sin demora. Debo darle a Josías la poción."

- Voy a descansar un poco - dijo el tío Josías levantándose y dirigiéndose al dormitorio.

Salió de la habitación y la tía Teodora se dirigió al área. Estaba inquieta, caminaba por todo el ingenio. Cabalgaba al galope a caballo, sin quedarse nunca quieta. Tomó el camino a casa de Jumira. Al lado de la casa de su amiga, la bruja negra, había una letrina, la casa estaba desocupada. Unos minutos de caminata y tía Teodora llegó a su destino.

-¡Jumira! ¡Jumira! - Gritó a la puerta.

- ¡Pase, Siñá!

Entró la tía Teodora y se sentó en la silla ofrecida. La negra Jumira la recibió toda sonriendo.

- ¿Está preparada la poción? - Preguntó mi tía -. Josías se va y tengo que darle la poción. Sabes que tengo que arreglar a Josías.

- Aquí está, ponlo en el té como siempre - dijo Jumira, dándole una taza de un líquido blanco como leche. Con esta pócima, el coronel Josías hará lo que su dama quiera.

- Quiero que no me moleste. Jumira, la ley es muy injusta con las mujeres. El marido traicionado puede matar a su mujer, arrestarla y todo el mundo piensa que está bien. A veces tengo miedo que Josías tome alguna acción.

- El coronel Josías no le hará nada malo, no mientras yo viva.

- Con los hombres la ley es diferente - continuó quejándose -. Tienen tantas mujeres como quieren y no les pasa nada. ¡Es injusto! Jumira, tengo el ojo puesto en el esclavo João, en cuanto Josías se vaya lo llevaré a mi refugio.

Se rieron, las dos encarnadas y los numerosos desencarnados allí presentes.

El tío Josías no necesitaba viajar, pero le gustaba, salía a negociar, lo acompañaban dos empleados de confianza. Vendió, compró e intercambió bienes. Así como vendió azúcar para él y sus cuñados.

La tía Teodora tuvo tres hijos, Floriano, Pedro y Margarita. Pedro dejó su casa siendo joven y se fue a vivir a una ciudad de la costa. Su padre siempre lo visitaba, reprobaba a su madre y no fue al ingenio. Margarita se casó muy joven, vivió cerca, pero solo vino a la plantación cuando su padre estaba allí. Floriano estaba casado con Sofía, una chica honesta, hermosa y delicada. Vivían en la finca, en la casa grande, junto con la tía Teodora.

Tuvieron tres hijos, tres hijos hermosos.

Floriano era una buena persona. Se hizo cargo de la plantación, trató de ser justo y se vio obligado a casarse. Aunque su esposa era hermosa, agradable y buena, él no la amaba. Desde soltero Floriano se enamoró de Toña, una bella negra. La sacó de la senzala y la colocó en una casa de sirvientes. Se convirtieron en amantes. Los dos estaban enamorados.

Incluso pensó en casarse con ella, pero sus padres lo detuvieron y le concertaron un matrimonio. Toña tuvo una hija con Floriano y, tras dar a luz, Jumira, a instancias de la tía Teodora, dejó la placenta en el útero de Toña por lo que tuvo una infección y casi murió. De hecho, Toña tuvo una infección importante. La madre de Toña, junto con otra esclava, una partera, Dido, escondieron y limpiaron útero de Toña. No murió, pero nunca volvió a tener hijos.

Floriano trataba muy bien a su hija, la mulata María. Cuando vine a quedarme con mi familia, María era joven y la trataban como a una pequeña dama. Floriano intentó ser buen marido. Entendió que Sofía no merecía lo que le hizo. Él era bueno con ella, hacía todo lo posible para complacerla, pero no la amaba. Incluso sin querer, la evitaba. Sinceramente amaba a Toña y era amado por ella. Floriano les dio a Toña y María una carta de manumisión, temía por ellas, si le ocurría algo. Intentó ayudarlas. Allí en el tercer ingenio me desanimé. Solo Sofía recibió mis pensamientos. Intenté hacerla paciente. Sofía estaba triste y le gustaba orar. Se casó con Floriano sin amarlo tampoco. Vivió para sus hijos. Le gustaban las flores, cuidaba el jardín. A menudo hablábamos en pensamiento. Intenté darle alegría.

- Sofía - le dije -, la existencia en un cuerpo es rápida. ¡Ten paciencia! ¡Perdona! Tendrás otras encarnaciones, regresarás en otros cuerpos y en el futuro cosecharás las semillas plantadas en esta. Considera las dificultades como aprendizaje.

Hablamos, pero ella pensó que solo estaba pensando. "Siento que ya he amado mucho. Pero, ¿a quién? No lo sé. Amo a alguien y ni siquiera sé quién es. Sé que existe y que está lejos de mí."

- Sofía, tenemos muchas existencias, vivimos muchas veces, cambiamos de cuerpo para aprender. Debes haber amado a alguien en el pasado, en una existencia anterior.

- Siento que me separé de él porque no era digna de su amor."

- Entonces acepta todo con resignación y sé buena.

Me interesé por la historia de Sofía y decidí investigarla. Sofía en la encarnación anterior había vivido en Europa. Ella amaba profundamente a un espíritu que se encarnó en Francia. En la encarnación anterior, estaban felizmente casados. Él desencarnó en una batalla y ella no puedo soportar vivir sin él, se suicidó. En esta encarnación estuvo lejos de su amado. Él se hizo sacerdote, no quería casarse, ella no podía amar a nadie. Extrañaba el espíritu que le encantó, pero no sabía cómo explicar ese sentimiento.

Ângelo me acompañó en esta investigación y me dio algunas explicaciones:

- Sofía y su amado probablemente se encontrarán cuando desencarnen y tú les indiques que permanecerán juntos, pues después de este período de distanciamiento el uno del otro, estarán más maduros y comprensivos.

- El sufrimiento nos enseña mucho - dije.

- Ciertamente. Lejos aprenden a valorar la vida. Juntos vivieron el uno para el otro, olvidándose de todo. Separados aprenden a amar a Dios.

Le aconsejé a Sofía que fuera buena, que hiciera caridad y ella me escuchó. Comenzó a ayudar a muchas personas, defendiendo a los esclavos que comenzaron a amarla y respetarla.

- Allí, comprendió incluso el amor que su marido tenía por Toña, nunca intentó hacerle daño. Tenía un afecto fraternal por Floriano. Y Floriano tenía remordimientos por esto, pero cada vez estaba más más enamorado de Toña.

Sofía también se portaba bien con Teodora. La suegra se encargaba de todo, a Sofía no le importaba, ella se ocupaba de los niños. A Teodora no le agradaba Toña, pero no interfirió en la vida de su hijo por miedo a él.

Ella y Jumira continuaron haciendo cosas malas. Le pedí explicaciones a Ângelo sobre esto.

- Jumira y Teodora - dijo Ângelo - son almas afines, egoístas, solo piensan en sí mismas y en el placer. Jumira tiene mediumnidad, que utiliza para el mal. Espíritus afines la rodean.

- ¿No hay manera de liberarlos de estos espíritus?

- Están relacionados. Atraemos hacia nosotros espíritus buenos o malos, dependiendo de nuestra actitud. Después no nos pidieron ayuda, al contrario, no querían nuestra intromisión.
Y, como todos nosotros, ambos tienen libre albedrío, que debe ser respetado.

- ¿Podrán dominar al tío Josías? - Pregunté con curiosidad.

- Estudiando la personalidad de tu tío, pude ver que es una persona débil, y para tu tía, que tiene una personalidad fuerte, era fácil dominarlo. Principalmente porque ella es dueña de todo. Luego podemos observar que, tan pronto como tu tío llega al ingenio, un espíritu compañero de los dos permanece a su lado todo el tiempo. Éste desencarnado lo tienta para que no realice ninguna acción hacia Teodora. Como dije, siendo Josías débil e influenciable, escucha a esta persona. En cuanto a la poción no es más que un tranquilizante que lo deja aun más inactivo.

En la primera oportunidad, fui a hablar con el grupo de desencarnados que se quedaba al lado de Jumira. Fui educado y traté de ser agradable. Ni siquiera me dejaron hablar, se rieron de mí.

Y era así que cada vez que me acercaba a ellos, incluso intentaban atacarme, tenía que desaparecer de su vista. Y sobre esto Ângelo me dijo:

- Augusto, los espíritus rebeldes apenas escuchan a quienes intentan servir a Jesús. Seguramente algún día se cansarán o el dolor les hará cambiar de actitudes e ideas. A veces interferimos, o podemos interferir, pero esto es solo en respuesta a solicitudes de los involucrados. Oremos por ellos y deja que el tiempo y el dolor vengan en tu ayuda.

- Ângelo, siento que, aunque estén con la tía Teodora y Jumira, no les agradan.

- No conocen el amor, son egoístas, las dos encarnadas tampoco les gustan, las utilizan. Pero estos desencarnados también les sirven por egoísmo. Ellas les dan sus fluidos y ofrendas y cuando desencarnen ciertamente serán sus esclavas. Estas ofrendas casi siempre son alimentos materiales. Aunque sean desencarnados, como no aprenden y desconocen otras fuentes de alimento, sienten las necesidades del cuerpo físico y obtienen energía de los alimentos materiales, solo aquellos que lo necesitan.

- ¡Qué triste vivir así!

- ¡Qué triste vivir lejos del bien! ¡Negando al Padre y sus leyes!

La tía Teodora pronto perdió interés en João y se interesó en Thomas, un esclavo fuerte y apuesto. Cuando esto sucedió, tomó al esclavo para servir en la casa grande o convertirse en *yagunço*. Thomas no se convirtió en amante de su ama por deseo, sino por miedo a represalias. Tenía miedo de despreciarla y ser castigado, al igual que su familia.

Quizás por eso la tía Teodora se interesó más por él y empezó a sentir celos enfermizos hacia Thomas.

A Thomas le gustaba una negrita, Ritiña, una niña delicada, tímida y muy trabajadora. Los dos estaban enamorados. Thomas temió por ella, le pidió un día a su novia que tuviera paciencia.

La Siñá pronto se cansaría de él como lo había hecho con los demás y entonces sería libre para ella.

Un capataz le dijo a tía Teodora que a Thomas le gustaba Ritiña. Ella, muy enojada, empezó a pensar en qué le haría a su rival. Coincidió que un comerciante, que vendía y compraba de esclavos llegó a la finca. Siñá Teodora no tuvo dudas, vendió a Ritiña. Esto sucedió en la mañana. Teodora no quería ver.

Se lo pidió a un capataz recogió a Ritiña y la vendió barato. El comerciante pronto se fue. Thomas tuvo una reunión por la tarde con la tía Teodora. Se enteró de la venta unas horas antes.

Afiló su cuchillo. Intenté ver qué pensaba, no pude, estaba enojado y no sabía qué hacer.

Fue a encontrarse con la tía Teodora. Aunque estaba preocupado, no me quedé allí, porque no podía ser tan indiscreto y entonces no sería de mi agrado.[13] Pero de repente vi a Thomas salir corriendo, despavorido y escondiéndose. Fui a la casa donde se llevaban a cabo las reuniones, la residencia vacía cerca de la casa de Jumira.

Vi a la tía Teodora acostada en la cama, en agonía, había sido herida en el pecho con un cuchillo. "¡Ella necesita ayuda!" - exclamé. Fui a ver a Jumira que estaba en su casa. Traté de decirle lo que estaba pasando, pero ella no me hizo caso, solo me dijo: "No te conozco, vete. Imagínate que te molesto accidentalmente en una de tus citas."

Volví. Muchas personas desencarnadas que les servían estaban allí mirando. Les pregunté:

- ¿Por qué no la ayudan? ¿Por qué no traen a Jumira aquí? ¿No son amigos?

- ¿Amigos? ¿Quién los tiene? No hay nadie aquí. No somos sus amigos. La señora Teodora siempre ha sido arrogante y mezquina. Lo que le pasó a ella estuvo bien hecho.

- ¿No ven que se está muriendo?

- Desconectémosla del cuerpo, cuando muera será solo nuestra. Ella nos dio órdenes, exigió favores, ahora le tocará a ella hacernos favores y servirnos.

Un día de caza otro del cazador.

Entiendo, nadie se conecta con el mal o las fuerzas del mal sin dar algo a cambio. Era costumbre decir que los brujos "entregaban su alma al diablo" a cambio de favores. Dar el alma, expresión errónea, que no poseemos nada; pero están vinculados a

---

[13] Los buenos espíritus, si van a lugares indeseables es por trabajo, no son indiscretos y no les gusta estar en lugares donde no se hace el bien. Pero los malos, los espíritus que no tienen nada que hacer aman estos encuentros pecaminosos. Siempre acercamos a espíritus afines. (N.A.E.)

los "demonios", que son espíritus que temporalmente siguen el camino del mal.

Y los que sirvieron insisten en cobrar. En cuanto a la intervención de gente buena, es difícil, porque nadie pidió ayuda y luego todo se hizo con su libre albedrío.

Examiné la herida, la tía Teodora estaba agonizando. La herida fue profunda y fatal. Al no tener nada que hacer, oré por ella y los desencarnados que estaban allí pensaron que era malo, pero me mantuve firme. El corazón de tía Teodora se detuvo, el grupo celebró. Iniciaron el proceso de desconexión. Ella estaba aterrorizada, gritó cuando vio esos espíritus feos, sucios y desequilibrados. [14] Tardaron un poco - los espíritus malignos también saben desconectar el periespíritu del cadáver. Y solo lo hacen para maltratarlos a ellos o a sus familiares.

Los que deambulan no saben hacer esto. Para saber, es necesario aprender. Y los espíritus como estos, que trabajan en el mal, normalmente lo saben.

Durante dos horas chuparon la energía de su cuerpo carnal y se fueron de fiesta y gritando. Allí me quedé orando. Lo que vi me entristeció, pero con la certeza que nos conectamos con lo que queremos y con la desencarnación recibimos lo que merecemos. Ni por un segundo la tía que estaba sufriendo tuvo un pensamiento de arrepentimiento, sino más bien de odio, vibrando igualmente con el grupo presente.

Pensando que la señora se estaba demorando, Jumira llegó a la casa de reuniones, entró silenciosamente y se sorprendió al verla muerta en la cama. Examinó el cuerpo y se dio cuenta que efectivamente era la señora que había muerto, corrió a buscar a

---

[14] Algunos son bellos, armoniosos y equilibrados, pueden tener diferentes apariencias, blancas, negras, amarillas, etc. Los espíritus feos también tienen diferentes apariencias, pero son feos porque están desequilibrados y carecen de armonía. (N.A.E.)

Floriano. Lo encontró y lo llamó aparte. A Floriano no le agradaba la amiga de su madre, pero al verla aterrada se acercó a ella.

- Siñó Floriano, sucedió una desgracia, Señóziño, su madre murió.

Floriano no dijo nada, se alejó y Jumira intentó explicar:

- Siñá estaba en la casa abandonada para una reunión con Thomas, ya que tardó un rato en llegar y la encontré muerta de una puñalada.

- ¿Le contaste a alguien lo que pasó? - Preguntó Floriano preocupado.

- No, señor - respondió Jumira.

- Calla y vámonos.

Floriano quedó impasible cuando vio muerta a su madre. Por un momento permaneció en silencio, pensó y encontró una solución. Le dijo a Jumira, que también estaba tranquilamente a su lado:

- Mi padre está de viaje y voy a resolver este asunto. No quiero más escándalos, basta de los que nos dio mi madre toda mi vida. Hoy temprano vendió a Ritiña, una buena esclava, solo porque estaba saliendo con uno de sus amantes. Thomas tenía motivos para matarla. Para todos, mamá vendió a Thomas junto con Ritiña. Y ella murió del corazón.

¿Eres capaz de cerrar esta herida? ¿De vendar el cadáver y que la herida no se vea?

- Sí, lo soy, señor - dijo Jumira, llorando -. Me gustó mucho la señora y verla así me entristece.

- Lo sé - respondió Floriano en tono irónico -. Vamos luego. Floriano salió de la habitación y esperó en la sala. Jumira trató de obedecer la orden. Cerró la herida con paños, limpió el cuerpo y lo vendó.

- Está bien, señor - dijo Jumira -, venga a verla.

- Está bien - dijo Floriano examinándola -. Ahora la voy a llevar a su casa y luego les diremos a todos que murió de un infarto y en su casa.

- Y tú, sola te encargarás del cadáver. Y no necesito decirte que te quedes callada.

- No diré nada. Pero, señor Floriano, ¿y el asesino? Irá tras él, ¿no?

- Si es así, todos sabrán la verdad. Sería muy vergonzoso decir eso y mi madre murió asesinada por uno de sus amantes negros.

Y así se hizo. Hubo rumores, hubo sospechas, pero para todos, Siñá Teodora falleció a causa de una enfermedad cardíaca. Nadie sintió su muerte.

El velatorio fue sencillo y el entierro sin lágrimas. Solo Jumira lo sintió, no por cariño, sino por perder a su protectora.

Nadie persiguió a Thomas, quien inmediatamente intentó escapar persiguiendo al comerciante que compró a Ritiña. Pronto lo encontró. Comenzó a seguirlos desde lejos. Por la noche, el comerciante, con dos sirvientes y cuatro esclavos, acampó para descansar. Los esclavos estaban atados en una tienda, el comerciante dormía en otra, mientras uno de los empleados dormía y el otro hacía guardia. Thomas los observó en secreto, leí sus pensamientos, tenía la intención de matar a los empleados y al comerciante. Intenté todo para hacerlo cambiar de idea. Pero Thomas no aceptó mis pensamientos. No recibió ninguna orientación religiosa, no creía en nada, no entendía la existencia de Dios ni siquiera le importaba. En ese momento solo quería salvar a su ser querido. Ya mató a uno, señora, y fue fácil, hubiera sido lo mismo con tres más.

Mientras dormían, se acercó lentamente al empleado que lo custodiaba y lo atacó por detrás, tapándole la boca y clavándole el cuchillo en el pecho, el mismo que mató a mi hermana.

En aquella época era difícil para un esclavo tener un arma, Thomas la tenía porque la recibió de su ama cuando se convirtió en su amante, fue un regalo. Thomas trabajó anteriormente en el cultivo y vivió en la senzala, luego comenzó a trabajar en la casa grande y a vivir en el almacén. Y fue esta arma que recibió como regalo la que fue utilizada para matar a cuatro personas, incluida la señora que se lo regaló. El empleado falleció sin siquiera gemir. Thomas se acercó al otro que estaba durmiendo y de la misma manera lo mató. Entró con confianza en la cabaña del comerciante y éste era aun más fácil de matar. Despertó a los esclavos, los soltó, abrazó afectuosamente a Ritiña.

- ¡Estás libre! Maté al comerciante y a sus empleados. tomaré lo que quiero algunas de sus pertenencias, luego pueden llevarse lo que quieran y cada uno para sí.

Thomas eligió dos buenos caballos, tomó comida, armas y se fue con Ritiña. Sabía que en la montaña cercana había un grupo de fugitivos negros y fue a unirse a ellos. Los otros tres esclavos, todos hombres, tomaron todo lo que encontraron y decidieron seguir el río. Thomas y Ritiña encontraron el grupo, se quedaron con ellos y quedaron felices juntos. Con el tiempo, Thomas sintió un pequeño remordimiento por sus crímenes. En cuanto al comerciante, recién fue encontrado el otro día por la tarde por personas que vivían cerca.

Allí enterraron los cuerpos y no persiguieron a los esclavos fugitivos, porque nadie los reclamaba. Así pues, uno de los muchos crímenes cometidos allí sigue sin resolverse.

Floriano esperó unas semanas después de la muerte de su madre y mandó llamar a Jumira.

- Jumira, eres una esclava como cualquier otra. No existe carta de manumisión. Ya no la quiero aquí en el ingenio. Podría venderte, pero por respeto a mi madre que te tuvo por amiga, te voy a dar la carta de manumisión. Aquí está, debes salir mañana temprano.

- Pero señor, no quiero irme.

- No tienes otra opción, debes irte, si todavía estás aquí mañana por la tarde, cambiaré de opinión y te venderé en el pueblo. Ahora vete.

Jumira, triste, se dirigió a su casa. Le gustaría estar allí, sino ¿a dónde iría? Pero se fue. Al día siguiente, temprano, salió del ingenio a pie, con sus pocas cosas y acompañada de sus compañeros desencarnados. Las dos casas fueron entregadas para albergar a dos familias de esclavos buenos y fieles.

Cuando llegó el tío Josías, Floriano iba a decirle la verdad, pero sintió pena por su padre y le contó la misma historia que él inventó. Josías no sintió la muerte de su esposa, hasta se sintió aliviado. Y le preguntó a su hijo:

- Floriano, llevas mucho tiempo cuidando el ingenio. Estoy viejo, cansado y no quiero trabajar más. Voy a vivir con Pedro. ¿Te encargas de todo?

- Sí, padre mío, no te preocupes.

Floriano empezó a tratar aun mejor a los esclavos y el ingenio avanzó mucho.

Fui muchas veces a ver a la tía Teodora al Umbral. Se convirtió en esclava del grupo que la servía, fue humillada, golpeada y muy maltratada. Intenté muchas veces transmitirle buenos pensamientos, pero la tía los rechazaba, tenía odio, mucho odio. Así que permaneció en el Umbral sufriendo, hasta que se arrepintió, se resignó y pudo ser rescatada; pero esto fue después de sesenta y cinco años de su desencarnación. Incluso después de los diez años que estuve allí, intenté encontrarlos, así fue como encontré a la tía Teodora.

María, la hija de Floriano y Toña, era joven y Floriano cuidaba de arreglarle un buen matrimonio. Le dio una buena dote y un joven comerciante se casó con ella. Ambos se querían y el matrimonio funcionó.

En ese ingenio hice una gran amiga, Sofía. Y una vez amigos, siempre amigos.

Mi grupo familiar fue difícil, pero no me desanimé y lo poco que logré hacer fue mucho para mí. Principalmente en lo que era mi principal objetivo; es decir, que los esclavos fueran tratados de la mejor manera posible. Y lo estaba logrando. Con la ayuda de Sofia logré tener en el tercer ingenio muy pocos castigos y que los negros eran vistos como seres humanos. Tenía una gran esperanza: que en el futuro todos fuéramos amados como los hermanos que somos.

Hijos del mismo Padre, Dios. Por mi parte, tenía la intención de participar en esta tarea. Si todos, conscientes que necesitan hacer algo bueno para que esto suceda, si lo hicieran, muchos se unirían y amarían para intentar anular el odio y fortalecer el amor. Y un día la Tierra, nuestro bendito hogar, sería un lugar donde la hermandad reinaría.

Cândido iba de mal en peor. Sus obsesores, ahora en mayor número, no le dieron tregua. Hablaba consigo mismo, reía y maldecía. Comía con las manos y durante mucho tiempo no reconoció a la gente, se avergonzó exponiéndose al ridículo. La tía Magdalena estaba aterrorizada y sus hijos le temían aun más. Ya no le importaba el ingenio y mi tía se tenía que hacer cargo de todo junto con Matías. Pero no eran inexpertos, sabían qué hacer en la dirección de los negocios.

La tía Magdalena tenía un sobrino que estudió en Río de Janeiro, era hijo de su hermana. Recientemente había regresado a casa. Ella sabía que su cuñado no se encontraba bien de situación financiera. Y que José, el sobrino, debería volver a buscar trabajo. La tía Magdalena envió una sirvienta a la casa de su hermana, que estaba ubicada a dos días de viaje caballo, llevando una carta. Mi tía en la carta pedía a su hermana que enviara a su hijo José a pasar una temporada en el ingenio para ayudarla, y le decía que le pagaría un buen sueldo.

Entonces José vino al ingenio. En cuanto lo vi me gustó, un abolicionista, con ideas modernas y buenos sentimientos.

- José, mi sobrino - dijo tía Magdalena -. ¡Qué bueno verte por aquí! Solo necesitamos saber qué hacer. Tu tío se enfermó y no tenemos experiencia en cuidar nada. Espero que te quedes con nosotros y nos ayudes. Tienes todo nuestro apoyo para esto. Haz lo que quieras, siempre y cuando lo organices todo.

- He venido con ganas de ser útil, haré todo lo posible para tranquilizarte - respondió José, sonriendo.

Matías se esforzaba, pero sin autoridad, los empleados no sabían si obedecer al coronel o a su hijo, incluso porque el tío Cândido no decía nada más coherente.

Durante unos días, José intentó conocer el ingenio e informarse del negocio. Estaba horrorizado por el estado de miseria en el que vivían esclavos y empleados.

Al ver a su tío, se dio cuenta que estaba completamente loco. Reunió a su tía y a sus primos y les dio su opinión.

- Tía Magdalena, no estoy de acuerdo con tu forma de tratar a los esclavos. La miseria es grande, esto no es justo. Solo me quedaré aquí si son tratados de manera más humana.

- Por mí está bien - respondió Matías, quien esperaba que su primo se quedara -. Pero mi padre...

- El tío Cândido está loco. Completamente enfermo y una persona enferma como él no puede estar libre ahí fuera. Entonces el ingenio se está volviendo un caos, porque él da órdenes absurdas.

Mi opinión es que debería estar encerrado.

- ¿Mi padre encerrado? - Preguntó Belinda con timidez.

- Sí. Seguramente tendremos que crear nuestro propio lugar. Está suelto y muy enfermo, y tal como está, podría matar a alguien en la casa. No se puede confiar en las acciones de un paciente mental.

- Estoy de acuerdo contigo - dijo la tía Magdalena -. Ya ni siquiera duermo bien porque le tengo miedo. Dice que lo están persiguiendo y que lo va a matar. No vemos a nadie persiguiéndolo. Nos confunde con sus enemigos, podría matarnos a mí o a mis hijos.

- Podemos hacer algunas adaptaciones a la habitación en el sótano de nuestra casa y dejarlo ahí - dijo Matías -. Ya había pensado en esto y no veo otra solución.

- Siempre le tuve miedo a mi padre – dijo Belinda -. Ahora tengo aun más. Ciertamente se enfermó por todas las cosas malas que hizo en su vida. Quiero que lo encierren y pronto.

En cuanto a los esclavos, José tiene razón, hay que darle carta blanca para que estos pobres seres humanos sean tratados mejor aquí en la plantación.

- Voy a arreglar el nuevo alojamiento de papá a primera hora de la mañana - dijeron mamá y las tías.

- Sí, es lo mejor - concluyó tía Magdalena -. Es mejor para nosotros y para él.

Los obsesores, al escuchar la decisión de la familia, gritaron alegremente, celebraron y aplaudieron.

- ¡Encerrado en el lugar donde encerró a tantos! - Ellos dijeron. Matías, de madrugada, con algunos esclavos y sirvientes fueron al sótano y lo limpiaron todo. Mi primo escogió una de las tres celdas, la pintó, puso en ella una cama, una mesa, ropa limpia y por la tarde el lugar estaba listo, preparado para recibir al nuevo prisionero.

Después de la cena, tres mayorales, Matías y José, agarraron al tío Cândido y lo llevaron a la fuerza a su nueva habitación. El coronel gritó, golpeó las paredes, pero nadie vino a abrirle la puerta. Hasta que se cansó, se acostó en la cama y se durmió. Los obsesores estaban emocionados. El grupo se centró en el odio. Matías designó a un esclavo para que le llevara comida a su padre dos veces al día.

Una vez por semana cuatro empleados iban al sótano y ataban al coronel Cândido a los barrotes y dos negras limpiaban la celda y cambiaron la ropa de cama. Lo hicieron rápidamente, porque el coronel los insultaba y amenazaba constantemente. Él se calmaba de vez en cuando tía Magdalena bajaba al sótano para asegurarse que todo estaba bien. Fueron visitas rápidas, los hijos no querían verlo más.

Los obsesores se quedaron con él, pero no molestaron a nadie más. Ellos, al ver a José mejorar la vida de sus hermanos de raza, comenzaron a respetarlo. Según me explicó Ângelo, era una obsesión que duraba muchos años. Seguramente cuando el coronel Cândido desencarnara y se lo llevarían al Umbral y se quedaría allí. Y, si insistían en no perdonar, la obsesión continuaría a través de las encarnaciones.

José intentó poner en práctica sus ideas abolicionistas. Destruyó todo el material de tortura y quemó el cepo. Después de esto, ordenó que se abriera la puerta del alojamiento de los esclavos.

Pidió a los esclavos que se quedaran en el patio y les habló. Habló con la convicción que de ahora en adelante serían bien tratados. Y que su vida en la plantación sería mejor.

¡Qué calamidad! Sentí pena por José, los esclavos al ver los hechos, al ver el cepo quemado y la senzala abierta, armaron un lío.

Oprimidos durante muchos años, no eran conscientes de lo que se les ofrecía.

Un gran grupo de esclavos salió del cuartel de esclavos, mató a un capataz, fue al alambique, donde había brandy, bebió, hubo peleas, murieron dos negros y doce esclavos huyeron. Por la mañana no querían trabajar. De mala gana, José tuvo que correr hacia el capitán de la selva para perseguir a los fugitivos. Y ordena a los empleados, a los capataces, que usaran el látigo para hacerlos trabajar. Los cuartos de esclavos fueron cerrados nuevamente.

José se desanimó y hasta lloró. Lo consolé.

- ¡José, no te desanimes! ¡Coraje! ¡La tía Magdalena y tus primas confían en ti! Poco a poco, da ventajas a los esclavos. Sigue cambiando el tratamiento de ellos lentamente.

José me escuchó. Dejó de quejarse y fue a dar las órdenes necesarias. Ordené que enterraran a los muertos y que se mantuviera con vida a la familia del empleado fallecido del ingenio. Él hizo un plan y lo puso inmediatamente en acción. Sin castigos, sí con disciplina. Y poco a poco la vida de los negros de la plantación mejoró. Ocho negros fueron capturados y todo fue volviendo a la normalidad. José despidió a algunos empleados, los que eran malos, y contrató a otros que le parecían buenas personas. Ciertamente influí en José.

Al ver que el coronel Cândido tenía mucho dinero ahorrado, renovó el ingenio, las casas de los empleados y empezó a pagarles mejor. Les dio más tiempo libre a los esclavos que empezaron a trabajar menos horas al día. Poco a poco mejoró su alimentación y vestimenta, se ocupó de los enfermos, los ancianos y las mujeres embarazadas. Y con el permiso de la tía Magdalena, Matías y Belinda, entregó carta de manumisión y dinero a todos los esclavos que eran hijos del tío Cândido. Todos se fueron. Todavía había muchas revueltas y peleas que José poco a poco fue calmando.

Construyó una senzala grande y espaciosa y desmanteló la antigua. En poco tiempo el ingenio cambió de aspecto. El lugar se volvió feliz, los esclavos más fuertes y felices. Cuando los esclavos empezaron a confiar en José, él les dio los domingos libres y les permitió fiestas de carne y aguardiente. Les dejó elegir a sus compañeras y todos estaban bien. Para compensar a los buenos esclavos y animar a todos a trabajar, José empezó a dar premios, como botas, sombreros, ropa diferente, aguardiente, más fiestas. Hasta que un día dejó abierto el cuarto de esclavos y ningún esclavo escapó. Hasta dos esclavos que previamente habían huido pidieron regresar. Todavía hubo peleas y desacuerdos, pero la presencia de José fue suficiente para calmarlos, ahora lo respetaban.

Estas modificaciones tardaron tres años. Pero valió la pena. Me regocijé y los esclavos parecían haber salido del infierno y entrado al cielo.

Pero en los tres años que José estuvo en la finca pasaron muchas cosas en la casa grande. La tía Magdalena, que siempre había estado oprimida, se sentía libre con su encierro.

De la mano de su marido, empezó a recibir más visitas, a visitar a familiares cercanos e incluso a realizar viajes más largos. Matías se sintió mal, se fue a una ciudad, tuvo que consultar a un médico, tenía tuberculosis. Enfermo, se aisló aun más, sin molestar a nadie. Justo antes de superar mis diez años entre ellos, Matías falleció tan tranquilo como vivió, pudo ser ayudado, hecho que me legó. Aceptó la desencarnación y pronto se encontraba bien en el plano espiritual.

José y Belinda, apenas llegaron al ingenio, comenzaron a hablar y vieron que tenían mucho en común. Pronto los unió una fuerte amistad. José no pensó que ella era fea y, con el tiempo, al conocerla mejor, incluso la encontró hermosa. Después de unos meses se encontraron enamorados. Belinda se retiró, su pasado estaba muy claro en su mente. José se armó de valor y le dijo:

- Belinda, estoy enamorado de ti. ¿Puedo tener esperanza? ¿Coincides con mis sentimientos?

Belinda se sonrojó y tartamudeó.

- Yo, bueno, no lo sé...

Se escapó, dejando a su primo triste y pensativo. Belinda se fue a su habitación a llorar. Advertida por un esclavo de la casa, la tía Magdalena fue a ver qué pasaba.

- ¡Ah, madre, qué infeliz soy! Amo a José y él me ama. Me acaba de confesar. Pero mi pasado me condena.

- Ya sospechaba que José te amaba. Él te mira con mucho cariño. Pero no dejes que el pasado te impida ser feliz. ¡No lo hagas!

- ¿Qué puedes hacer?

- Voy a contarle la misma historia que le conté a tu padre. Si el inteligente coro de Cândido lo creyó, José también lo creerá.

- Pero mamá, José no merece que lo engañen.

- No lo vamos a engañar, solo le vamos a contar nuestra versión. Le mentimos a tu padre para que no te matara. Le mentiremos a José por tu felicidad. Olvida que el pasado ha pasado.

- Pero, ¿y si todavía no me quiere?

- Hablaré con él, tengo más habilidades que tú, sabré narrar los hechos. Estoy segura que lo aceptará, es un joven que estudió en la capital, es bueno e inteligente.

- Está bien, cuéntale todo y será lo que Dios quiera.

La tía Magdalena salió del cuarto de su hija, salió al balcón y encontró a su sobrino pensativo.

- José, necesito hablar contigo.

- Sí, mi tía.

- Ya sé que amas a Belinda y que ella te quiere mucho. Estaré feliz de verlos juntos.

- Tienes razón al decir que la amo. Pero en cuanto a ella, no lo sé - suspiró con tristeza.

- José, querido, tengo que contarte un dato importante. Una tarde, Cândido, queriendo su medicina, envió a Belinda sola al pueblo a comprarla.

- ¡Qué imprudente!

- Sí tienes razón. Intervine, pero Cândido no me escuchó y la niña se fue sola al pueblo...

La tía Magdalena, con su delicadeza, le contó a José la historia que le contó a su marido: Belinda fue atacada, quedó embarazada, su padre hizo matar al buhonero y la niña, su hija, murió.

- José, sobrino, mira cómo sufrió nuestra Belinda. Pobrecita, encerrada aquí con su padre loco y con miedo. Fue lamentable lo que le pasó. Mi hija te ama mucho, pero no pudo ocultarte este hecho. Ella está llorando y sufriendo en su habitación. ¡Pobrecita!

- ¡Pobrecita en verdad! - Dijo José - ¡Cómo sufrió! Ah, tía mía, esto no me importa. Creo que la amo aun más.

- Voy a llamarla para que sepa esto de ti.

Rápidamente la tía Magdalena fue al cuarto de Belinda para darle la noticia. José, como todo enamorado, sintió que la esperanza le daba valor, esperaba ansiosamente a su amada.

- ¡¿Es verdad?! ¿Me aceptó? Dios mío, me muero de felicidad – dijo Belinda alegremente.

- ¡No te mueras! José te ama y serán felices, muy felices. Belinda, evita hablar de lo sucedido, el pasado quedó atrás. Ya se lo dije y listo. No olvides que le conté la versión que le dimos a tu padre. Sin pedir perdón. Eres la víctima.

- Mamá, ¿es así?

- Claro querida. Confía en mí. Sufriste mucho. Siempre estuviste reprimida aquí en casa. Tú, ingenua, fuiste presa fácil de aquel hombre que quería vengarse de tu padre.

- ¿No fue él la víctima?

- Vamos, José te está esperando.

Ayudó a su hija a arreglarse y la llevó con José.

Mentir no es solución para nada. Intenté inducirles a pensar así, pero no me escucharon. También pensé que Belinda era la víctima, del prejuicio, del autoritarismo del padre y de la venganza del vendedor ambulante. Pero no necesitaban mentir, lo hicieron más por miedo que por malicia. La verdad siempre hay que decirla. Las seguí hasta el balcón.

- Sobrino mío, aquí está mi niña.

¡Belinda y José se abrazaron y tía Magdalena entró rápidamente a la casa! Esa noche José le pidió a tía Magdalena la mano de Belinda en matrimonio. Se casaron dos meses después, tuvieron una gran fiesta. Ambos fueron felices y tuvieron hermosos hijos.

Pasé la mayor parte de mi tiempo en la plantación de mi padre, el coronel Honório. Hablé mucho con mis amigos desencarnado que trabajaban allí con el grupo bueno, como también hablé con la negra vieja y Lourenço. Los dos continuaron ayudando a todos. Por enfermedad falleció mi amigo Dito, quien quedó con el grupo de buenos, trabajando en la plantación para estar cerca de Zita, quien se quedó allí para ayudar a sus hijos.

La pareja María y Tiago me preocupaban, se me acababa el tiempo y no podía ayudarlos. Siguieron deambulando por el ingenio. Tiago había mejorado, no creía estar tan molesto.

Intentando ayudarles, le pedí ayuda a Ângelo. Mi amigo como siempre vino para que volviéramos a intentar hacerles perdonar y así poder ser ayudados.

Al vernos María dijo:

- Aquí viene el negro que quiere ser blanco. Augusto, ya estoy harto de tus consejos, no sé por qué los escucho. Quizás porque alguna vez fuiste esclavo.

- María, no vine a darte un consejo ni a pedirte perdón - dije.

- Hablé con mi amigo Ângelo y me explicó algunas cosas que podrían ser de tu interés.

- ¿Qué tiene un blanco en la cabeza que pueda interesarle a una negra? - Respondió María -. Nosotros, Tiago y yo, conocemos a los blancos como amos y como pago. En el trabajo teníamos el látigo, el maltrato y no puedo olvidar lo que me hicieron para satisfacer sus deseos bestiales. Creo que parecen animales.

Que estos me perdonen. Para mí los blancos son seres repugnantes.

Ângelo, que hasta ahora había estado callado, habló con calma, mirándolo con su amable mirada.

- María, Tiago, les pido que me escuchen, sé que no les gustan los blancos, pero mi espíritu no tiene color. Amo a todos como hermanos, porque somos hijos de un mismo Dios, que es el Padre de blancos y negros, y que nos pide perdonar para ser perdonados.

Tiago, que estaba atento, intervino:

- ¡Detente ahí! No vuelvas a hablarme así. Si Dios es Padre de todos, ¿por qué solo a nosotros nos corresponde trabajar y vivir como esclavos, ser golpeados y sufrir maltratos?

¿Y encima pensar que todo está bien y perdonar para ser perdonado?

- Cálmate, Tiago - dijo Ângelo -. No te estoy pidiendo nada. Hablemos de ti, olvidémonos de los demás. Tú, Tiago, fuiste infeliz cuando encarnaste. ¿Eres feliz ahora fuera del cuerpo físico?

- No, no lo soy - dijo Tiago con tristeza -. Pero al menos no soy un esclavo, estoy con María y puedo hablar con los blancos como iguales, tal como te hablo a ti.

- Muy bien, Tiago - dijo Ângelo afectuosamente -. Olvidemos que yo soy blanco y tú eres negro. Afrontemos los acontecimientos como si fuéramos seres humanos. Porque, a pesar de la diferencia de color, nuestros sentimientos son los mismos. Tenemos los mismos dolores, las mismas ansiedades, las mismas aspiraciones, nos gustan las mismas cosas. Y si nos estamos atacando a nosotros mismos, esclavizándonos, es señal que algo anda mal. Y el error no es de Dios, de nuestro Padre, sino nuestro, de los blancos y de los negros. Necesitamos entender que Dios nos dio libertad para construir una vida cada vez mejor, tanto por dentro como por fuera. Si no nos paramos a pensar, pasaremos siglos turnándonos, bueno atacando o atacado. Ustedes fueron los atacados, ahora ustedes son los agresores. Y, como tú mismo concluiste, no están contentos. Debemos entender que la humanidad es solo una, a pesar que los hombres se presentan como blancos, negros, amarillos, etc. Debemos mejorar nuestro mundo interior para que nuestras acciones exteriores no causen el dolor de nuestros semejantes. Si no hacemos el bien y dejamos de cometer errores, nunca estaremos libres de las expiaciones y del dolor de nuestros errores.

Este hecho bien comprendido nos lleva a perdonar y construir una nueva relación entre los hombres. No más porque Dios lo quiere, sino porque queremos construir un mundo en el que todos podamos ser felices. Pensando así, nuestra voluntad es igual a la voluntad de Dios y los dos se convertirán en una sola. Y cuando el hombre hace el bien no porque Dios lo quiera, sino entendiendo que lo que Dios quiere es bueno para él, hay entonces garantía de perpetuidad, de paz, armonía y felicidad en la vida de los seres humanos.

- Eres un blanco diferente, está bien - dijo María -. En realidad no pude entender todo lo que dijiste. Pero no sé por qué mi corazón me dice que tú tienes razón. Pero aun así sigo odiando a quienes atacan a nuestra raza.

Por favor, Ângelo, ayúdanos a deshacernos de este odio que nos carcome el alma. Enséñanos a ver y sentir, tal como ves y sientes.

Tiago y María rompieron a llorar y se entregaron a Ângelo, esperando que de él trajera paz para sus corazones y almas sufrientes.

Ângelo los abrazó cariñosamente, como un padre y regresó con ellos a un Puesto de Socorro que a menudo visitaba en la sala donde fueron admitidos. Estaban en la parte donde se refugian a los suicidas.

María, mediante la intervención de Ângelo pudo quedarse con Tiago, pronto se recuperaron y el odio se fue debilitando hasta que no quedó nada de él. Y los dos planearon trabajar como socorristas para ayudar a tantos que vagan en el sufrimiento.

Feliz, escuché de María:

- Augusto, no solo vamos a ayudar a los negros, también a los blancos, porque todos somos hermanos.

A través de la enfermedad, mi padre se volvió más humano. Comencé a hablar con mi padre y mi madre, cuando estaba desconectado del cuerpo físico debido al sueño. En estas reuniones tomé precauciones de no parecerles negro. Por voluntad me transformé en el Augusto blanco, el hijo amado. Con esto pude asesorarlos y enseñarles. Al despertar, a veces, recordaban algo que dijeron que era un sueño. Pero siempre hubo algo bueno y poco a poco fueron cambiando. Mi padre empezó a sentir lástima por los esclavos enfermos, porque sabía que eran difíciles de trabajar al no tener salud. Despidió a los ancianos del trabajo y también perdonó a las negras embarazadas. Terminó con el semental, dejándoles elegir sus parejas y no forzándolos.

Más mujeres negras procrearon. Comenzó a alimentarlos y vestirlos mejor. Después de lo ocurrido con su hermano Cândido y de escuchar a Belinda decir que había sido castigado por ser malo, el coronel Honório tuvo miedo y rara vez castigó a los negros.

Para mi alegría, se acabaron los castigos injustos. Despidió al capataz malo y le dio más autoridad al capataz bueno para alegría de los esclavos.

Ver a sus sobrinos Floriano y José tratar mejor a sus hijos esclavos, mi padre amplió y mejoró las instalaciones del cuartel de esclavos y les dio los domingos libres.

El coronel Honório y Siñá Decleciana sintieron mucho la desencarnación de Emília. Un día los oí comentar:

- Decleciana - dijo mi padre -, siento remordimiento por haber obligado a Emília a casarse. La pobre no quiso y la obligué. ¡Estaba infeliz! Su marido la engañó, fue muy mayor que ella. Ahora me arrepiento. Creo que Emília murió de tristeza.

- Yo también tengo remordimientos. Como madre, debería haberla defendido. No la ayudé. También he pensado que murió de infelicidad. Perdimos dos hijos.

- Los esclavos también pierden hijos - dijo mi padre -. ¡Ellos también sufren!

- Creo que tienen alma como la nuestra, aunque la iglesia diga que no - dijo mi madre pensativa.

- ¿Por qué entonces son negros y esclavos?

- Quizás, Honório, para poder aprender de los blancos. Pero hasta ahora no ha funcionado.

- Decleciana, seré mejor para ellos.

- ¡Yo también!

Los dos, sufriendo y extrañando a sus hijos, decidieron ser mejores amos de sus esclavos. Pero a ambos, racistas, no les gustaban los negros, pero para mi tranquilidad, cumplieron lo prometido. Se convirtieron en amos más humanos y los esclavos de las plantaciones eran más felices. Mamá Naná y mis hermanos eran buenos esclavos y se beneficiaron de su nueva vida en la plantación. Y la vida mejoró en los tres molinos.

Han pasado diez años, se me acabó el tiempo. Tendría que regresar a la Colonia para prepararme para reencarnar. Ângelo vino a recogerme.

- Augusto, tenemos que irnos.

- Ângelo, hice todo lo posible para ayudar a quienes, durante uno de mis pasos por la Tierra, eran mi familia terrena. Pero llegué a la conclusión que toda la humanidad es mi familia.

- Aprendiste mucho, Augusto. Estoy orgulloso de ti.

- Amigo mío, estoy pensando: ¿realmente los ayudé?

- Tu objetivo era mejorar los tres molinos para los esclavos. Esto lo lograste.

- Me alegro por lo poco que hice, hablé con sinceridad. Me prepararé y regresaré a este inmenso escenario que es la Tierra para otra encarnación. Seré mulato y haré todo lo posible para intentar advertir a mis hermanos sobre la tremenda injusticia que es la esclavitud.

- Augusto, los esclavos serán liberados. Pero mientras la Tierra sea un planeta de espíritus preocupados por sí mismos, sin trabajar por el bien común, tendremos oprimidos y opresores.

- Quiero volver muchas veces a la Tierra y trabajar intensamente, si es posible, por la Literatura, defendiendo a los oprimidos e intentando educarme, educando a los demás para que esta etapa sea de felicidad.

- ¡Que Dios te proteja! - Ângelo me bendijo desde el fondo de su corazón.

Y fue posible, porque somos dueños de nuestro destino, ya sea en la construcción del bien o en la acumulación de deudas en el cultivo del mal. Lo que somos hoy es el resultado de lo que hicimos ayer y nuestro mañana serán el florecimiento de lo que sembremos hoy.

Augusto reencarnó, pasó una etapa brillante en la Tierra, cumpliendo lo dicho. En este momento mientras escribo este libro, él se está preparando para regresar y representar un nuevo personaje, usando su don literario para enseñar que la vida puede ser mucho mejor cuando cultivamos y vivimos el ejemplo de Jesús de Nazaret amando a todos como hermanos.

**Libros de Vera Lúcia Marinzeck de Carvalho
y Patricia**

Violetas en la Ventana
Viviendo en el Mundo de los Espíritus
La Casa del Escritor
El Vuelo de la Gaviota

**Vera Lúcia Marinzeck de Carvalho
y Antônio Carlos**
Amad a los Enemigos
Esclavo Bernardino
la Roca de los Amantes
Rosa, la tercera víctima fatal
Cautivos y Libertos
Aquellos que aman
La Casa del Acantilado
La Gruta de las Orquídeas
La Mansión de la Piedra Torcida

Grandes Éxitos de Zibia Gasparetto

Con más de 20 millones de títulos vendidos, la autora ha contribuido para el fortalecimiento de la literatura espiritualista en el mercado editorial y para la popularización de la espiritualidad. Conozca más éxitos de la escritora.

Romances Dictados por el Espíritu Lúcio

La Fuerza de la Vida

La Verdad de cada uno

La vida sabe lo que hace

Ella confió en la vida

Entre el Amor y la Guerra

Esmeralda

Espinas del Tiempo

Lazos Eternos

Nada es por Casualidad

Nadie es de Nadie

El Abogado de Dios

El Mañana a Dios pertenece

El Amor Venció

Encuentro Inesperado

Al borde del destino

El Astuto

El Morro de las Ilusiones

¿Dónde está Teresa?

Por las puertas del Corazón

Cuando la Vida escoge

Cuando llega la Hora
Cuando es necesario volver
Abriéndose para la Vida
Sin miedo de vivir
Solo el amor lo consigue
Todos Somos Inocentes
Todo tiene su precio
Todo valió la pena
Un amor de verdad
Venciendo el pasado

Romances de Arandi Gomes Texeira y el Conde J.W. Rochester

El Condado de Lancaster
El Poder del Amor
El Proceso
La Pulsera de Cleopatra
La Reencarnación de una Reina
Ustedes son dioses

Libros de Eliana Machado Coelho y Schellida

Corazones sin Destino
El Brillo de la Verdad
El Derecho de Ser Feliz
El Retorno
En el Silencio de las Pasiones
Fuerza para Recomenzar
La Certeza de la Victoria
La Conquista de la Paz
Lecciones que la Vida Ofrece
Más Fuerte que Nunca
Sin Reglas para Amar
Un Diario en el Tiempo
Un Motivo para Vivir

¡Eliana Machado Coelho y Schellida, Romances que cautivan,
enseñan, conmueven y
pueden cambiar tu vida!

Libros de Vera Kryzhanovskaia y JW RochEsther

La Venganza del Judío

La Monja de los Casamientos

La Hija del Hechicero

La Flor del Pantano

La Ira Divina

La Leyenda del Castillo de Montignoso

La Muerte del Planeta

La Noche de San Bartolomé

La Venganza del Judío

Bienaventurados los pobres de espíritu

Cobra Capela

Dolores

Trilogía del Reino de las Sombras

De los Cielos a la Tierra

Episodios de la Vida de Tiberius

Hechizo Infernal

Herculanum

En la Frontera

Naema, la Bruja

En el Castillo de Escocia (Trilogia 2)

Nueva Era

El Elixir de la larga vida

El Faraón Mernephtah

Los Legisladores

Los Magos

El Terrible Fantasma

El Paraíso sin Adán

Romance de una Reina

Luminarias Checas

Narraciones Ocultas

La Monja de los Casamientos

Libros de Elisa Masselli

Siempre existe una razón

Nada queda sin respuesta

La vida está hecha de decisiones

La Misión de cada uno

Es necesario algo más

El Pasado no importa

El Destino en sus manos

Dios estaba con él

Cuando el pasado no pasa

Apenas comenzando

Libros de Mónica de Castro y Leonel

A Pesar de Todo

Con el Amor no se Juega

De Frente con la Verdad

De Todo mi Ser

Deseo

El Precio de Ser Diferente

Gemelas

Giselle, La Amante del Inquisidor

Greta

Hasta que la Vida los Separe

Impulsos del Corazón

Jurema de la Selva

La Actriz

La Fuerza del Destino

Recuerdos que el Viento Trae

Secretos del Alma

Sintiendo en la Propia Piel

World Spiritist Institute

www.ingramcontent.com/pod-product-compliance
Lightning Source LLC
LaVergne TN
LVHW041608070526
838199LV00052B/3036